路地うらのユートピア
善人たちの失われた日々

寺田 侑
Terada Susumu

八月書館

路地うらのユートピア　目次

装幀　上村　浩二

凡庸で善良な人びととの碌ろくとした人生――岩本素白

岩本素白（一八八三〜一九六一）は、喧しい明治・大正・昭和を傍目に人生を全うした国文学者である。ジャーナリズムから遠く隔たることをみずからに課し、ために世に知られざるをよしとして、凡庸で善良な人びとを愛した珠玉のエッセーを多く残した。先生の残した名品がこのまま埋もれることを憂い、平成十三年（二〇〇一）、みすず書房の「大人の本棚」の一書として『素白先生の散歩』（池内紀編）が刊行された（平成二〇年＝二〇〇八年。随筆の多くは、平凡社ライブラリー『素白随筆集』にまとめられた）。

わたしは、岩本素白という人がいたこと、そして先生が書き残した人びとについて、関心がもたれることを願い、かつまた、かつてわたしたちの社会にこのような人びとがいたことを嬉しく思い、紹介していこうと思う。

「平凡無奇」なまちへ

先生は、思い立つとすぐに出かける人であった。前の日から支度をするようでは、それは用事になってしまうのでその日になって、フイと出かける。そのような素行が一体いつのことからかは分からないが、戦前か戦後間もなく書かれた「騎西と菖蒲」（『素白先生の散歩』から、以下同）という、やや長い文章のなかにすでに窺える。

しかも先生は、「恐らく何か偶然の機会のない限り」訪れることのない町を訪れることにひそかな喜びを見い出していて、彼が足を向けるところに、名だたる名所旧跡というものはない。先生はそういう所を「平凡無奇」なところといった。「平凡無奇」なところを愛する心性とは、一体いかなるものであろうか。

ふつう世に知られた名所旧跡のほかには、なかなか親しみの湧くものではない。にもかかわらず、先生は「この何ら奇のない平野（埼玉のこと——引用者）も、私には親しいものになって来た」と、告白する。「平凡無奇」であるところが親しみをおぼえるとは、ある種の反俗精神の持ち主のようにも思えるものの、だからといってそれを声高にいい立てるほど野暮ではない。

先生は、生涯をジャーナリズムと無縁にすごしたと書いた。ジャーナリズムとは、先生の時代であっても「非凡有奇」がその信条である。したがって、ことさらそれをはやし立てるのがみずからの存在理由でもある、と考えるのはいつの世も同じだ。先生は、そういうところには、もとより真実はない、とかねてから察していた。こうした姿勢がよく表われているのが、先にあげた「騎西と菖蒲」という文章であろう。

「遊意」という贅沢

先生の文章には、「遊意」という言葉がよく出てくる。聞きなれない言葉だが、「遊び心」のことではないかと思う。「騎西と菖蒲」を書く前年、「三時間ばかりの講義を済ませた私は、急に遊意の動くのを覚えて、書物の風呂敷を抱えたまま上野から汽車に乗った」(五六ページ)のであった

思い立って出かけ、着いたところは、埼玉県北部の国鉄東北線の久喜駅であった。久喜駅といわれても、近くに住む人以外、その実態を知りはしないだろう。関東に住む人でも久喜駅の名前を知る人も少ないことだろう。現在でも、一言でいえばごくふつうの駅である。ましてや今から半世紀以上も前であったら、田舎のひなびた駅といってもいいほどであったろう。

先生は、ここから騎西行きのバスに乗った。バスといっても近ごろのような大型ではなく、中型ほどのバスであったろう。そして騎西といわれて、そこがどこにあるかをかんたんにいえる人は、近隣の人以外にはこれまたいないであろう。今でもここには鉄道が通っていない。バスでここへ行くのは、今も昔も変わりがない。しかもこのバス便は、

おそらく今日も一時間に一本あるかないかであろう。

騎西とは、久喜から西にある小さなまちで、先生は、このまちにある古い碑を訪ねるためにやってきたのだが、歩いているうちに、その碑のことはどうでもよくなってきたらしい。


唯ぼんやりと歩き、ぼんやりと眺めるのを好むようになった。（中略）景色に対《むか》っても何も特別に佳景であることを要求しない。佳ければ佳いなりに、平凡ならば平凡なりに、静にそれを眺める。敢てその勝劣は言わないのである。（六八ページ）

まちの中心部を歩いた先生は、バスの待合所へ戻って白岡行きに乗ることにした。騎西から白岡へというと、南に下る見当になるが、白岡行きに乗って、途中の菖蒲町へ出ようというわけである。菖蒲町とは、騎西町（現在、加須市に併合されている）と久喜市に挟まれた町である。乗客は、先生一人。バスにゆられているうちに先生は、空想を始めた。

夕靄が田末を這い始めて、たった一人の車内が物淋しい。車掌も運転手の一つ家族でもあって、遠い旅路をさまよっているような感じがする。車掌はまだ小学校を出て間もないような無邪気な少女であり、運転手も若い田舎青年である。私はふとこの車に何日かの食糧を積んで、この青年とこの少女を伴侶《とも》に、果てしもない放浪の旅を続けて見たらなどと、馬鹿げた空想をしているうちに、田圃道が尽きて菖蒲の町へ近づいた。（六九ページ）

先生は、何かにうっくつしていたわけではない。たった一人の客を乗せて田舎道を走るバスが、あまりにもこの世のことにあらざるように思えたため、そんな空想をしたくなったのである。今から半世紀以上も前の田舎道には、日中でもおそらくほとんど人の姿を見かけることはなかったろうし、バスの時速は三十キロから四十キロで走っていたであろうから、それは、これ以上もないほどのどかな光景であった。

先生は、荷風のような反時代的な趣向はない。「寂しい町を好んで歩いている」とはいえ、世間に背を向けてそうしているわけではない。「寂しい町」を歩きながら、そこで出会う人や町のたたずまいの、ある種の雅趣を堪能しているとおぼしい。

歩いているうちに、やがて菖蒲のまちは暗くなった。暗くなったまちは、昨今のように光り輝いていたわけではない。わずかに商店の明りが灯っていただけだろう。

酒も飲まず食べ物にも気むずかしい私は、明るい上野の灯を考えながら、待合所の硬い腰掛に久喜行きのバスの出るのを長いこと待った。（七〇・七一ページ）

おそらく全行程は、時間にして往復五、六時間ほどであったにちがいなく、旅といえるほどおおげさなものではない。気紛れに、ちょいと道をそれていったというほどの偶然のなせる所業であったにちがいない。だれにもじゃまされることなく、ただ一人行って帰ってくるという、自分だけの秘かな楽しみを終生の友としたのであった。そのために、「硬い腰掛」で長いこと待つのも、少しも苦にならなかったのである。先生は、空腹もまた苦にならなかったのかもしれない。

「狂多くして」

先生の晩年の作に「狂多くして」という短文がある。先生によれば、明代の詩人の詩に「狂多くして出遊を愛す」という句があり、「狂多くして」という文言を先生は、「気紛れで」と訳したが、それは「非常な億劫がりであると同時に、またきわめて気が軽い」という相反する性格の持ち主を形容するのにふさわしい心情である。

昭和三十二年（一九五七）の夏もそうであった。

八月の末、思いがけない涼しい日があったので、珍しく机に倚って昔関宿の町へ行った時のことを思い出しつつ書いていると、私は急にそこへ行って見たくなって、筆を擱いた。（一八九ページ）

この関宿は、徳川時代には、利根川の水駅としてずいぶんにぎわったまちである。千葉県に属するが、同県人でも知る人は少ないだろう。千葉県の最北にあり、茨城県と埼玉県に挟まれ、平成の大合併で野田市に入っている。このまちで利根川から江戸川が分かれ、江戸時代は舟運によって江戸の荷がここまで運ばれ、中継されて北へ東へ西へ物資が行き交ったのである。

いつのころか、この水駅を訪れた先生は、ここがもはや廃駅となったことを知ったのだが、その後どうなったのかにわかに気になり、浅草から東武電車を使い、約一時間余をかけて埼玉県の杉戸駅に向かった。杉戸駅は、現在では東武動物公園駅になっているといえば、おおよその位置関係が知れるだろう。

彼は、杉戸駅から東へバスでおよそ三十分かけて関宿へ向かった。人口の多い地域のバス運とちがって、郊外のバスは頻繁に出ているわけではない。その日も彼は、長い時間、待合所で関宿行きのバスを待っていたはずである。

その昔、先生が関宿へ行ってみると、「徳川時代には殷賑をきわめた水駅が意外に荒廃しているのに打たれて、その印象を書いて見たいと思い、またその機があったらもう一度そこを訪ねたいとも思いながら、空しく歳月が過ぎてしまった」（八九ページ）のであった。そして、昭和三十二年の夏、冒頭のようにやっとその機会が訪れたという次第であった。

しかし、この文章には、関宿の感想はなく、先生の狂についての記述が中心である。先生の狂は、日常的で「家人も馴れて、決して今頃からかとか、何線で行くのかなどと尋ねる事をしない」のである。いわば事前に計画を練って行くわけではないので、電車を待つのもバスを待つ時間が長くとも、先生は一向に意に介してはいない。考えてみれば、それはたいそうな贅沢なのだろう。何の事前の計画もなしに、足の向くまま気の向くまま歩きまわるという、ささやかながらそうした時間を味わう精神の自由がそこにあった。

凡庸で愚直な人びと

先生のそうした「精神の自由」は、先生が過ごした少年時代に垣間みた善良な人びとを見るまなざしのなかにも光っている。

先生は、明治十六年（一八八三）、東京・麻布の生まれだが、少年期を品川で過ごした。少年期をここで過ごしたことが、その人となりに大いに益したと思われる。そして書かれた随筆中の「東海道品川宿」は十三篇に及ぶものの、先の『素白先生の散歩』には、その（一）と（三）が入っているだけだったが、平成十九年（二〇〇七）発行のウエッジ文庫の『東海道品川宿　岩本素白随筆集』に全編入った。以下の引用のページ数は同文庫による。

「東海道品川宿」の舞台は、先生の子どものころのことだから明治二十年代のことで、西暦にして一八九〇年代のことである。全十三篇のうち、（三）はその思想がよく分かるものである。

先生の少年時代の品川宿は、江戸へ入る第一番目の宿駅として多くの遊女宿があり、明治二十年代にはその名残が色濃く残っていた。先生は、少年時代に耳にした遊女たちの「悲痛絶望の声」を書き残しているうちに激しながら、次のように書いた。

　人が単に人に勝とうとし、人が単に他を越えようとする心を捨てぬ限り、世界は何時まで経っても幸福にはなり得ないであろう。いろいろ尤《もっと》もらしい、また美しい理窟は附けるが、大方の人の好み求めるところは、結局名と利の二つに帰する。（中

略）そうして世間は、この二つを得た者を優れた人、賢い者と呼ぶ。（五〇・五一ページ）

先生は、子ども時分に出会った多くの「優れた人、賢い者」とは対極にある人びとの美質が、轟々と突き進む明治の近代化のなかで、ひときわ輝いていることを知ったのである。先生がジャーナリズムとは無縁であろうと終生をつらぬき通した背骨には、そのような真情があった。そのことが一番よく表われているのが、次の文章だろう。

昔から遊惰と放蕩と悪徳とに縁の深いこの町にも平凡で愚直で、名も知られず金も積まず、碌々《ろくろく》として生を終えた善良な人が沢山いた。（五一ページ）

平凡で、愚直で善良な人びとは、名と利からも無縁であり、近代が激しく音を立てきしむなかで、そこから否応なく弾かれ、こぼれ落ちていってしまったかのような人たちであった。

いまは少しは下火になった都市論は、これらの人びとのことを粗略に扱ってきはしなかっただろうか。あるいは何の手立てもなく忘れるままがにしてきたのではなかっただろうか。先生は、そのようなことをわたしに気づかせてくれたのである。
さらに、先の引用につづけて次のように記した。

私は嘗てこの町の愚人「お泣きの勘こ、」と、「お神楽庄さん」の二人に就いて書いたことがあった。然しこの二人は生業を営まない者で、ただその人物が愛すべき愚人で、今の世の名利を求める賢い人と違っているところから記したのである。然しこれから記す人々は、凡庸ではあるが、きわめて善良な勤勉な市民であり、善良なるが故に名も聞こえず富も積まなかった人々である。世に名の聞え財を積んだ人々の為には、石に刻んだ頌徳《しょうとく》の碑があり、本になり紙に記した功績の伝えがあるが、私はこれらと違った凡庸善良な人々の為に、聊《いささ》か蕪雑《ぶざつ》な文字を連ねて、その「愚かな徳」を頌したいと思う。（五一ページ）

先生のとなえる「愚かな徳」とは、気まぐれでいっているわけでもなく、はたまた回顧の情やみがたく発せられたものでもない。先生と符合するように、谷崎潤一郎は初期の名作「刺青」の冒頭で次のように書いている。

其れはまだ人々が「愚《おろか》」と云う貴い徳を持つて居て、世の中が今のやうに激しく軋《きし》み合はない時分であった。（『谷崎潤一郎全集』第一巻、中央公論社、昭和三十二年＝一九五七年）

谷崎の書いた時代は、江戸のことで、「愚」という貴い徳の持ち主とは、「饒舌を賣るお茶坊主だの幇間だのと云ふ職業が、立派に存在して行けた程、世間がのんびりして居た時分」の人たちのことである。先生がいうところの「愚かな徳」の持ち主たちは明治初年に生きていた人で、いわば江戸の心性の一片を残していた人びとといってもいいだろう。

先生や谷崎がなぜ「愚」という「徳」について同じような感慨をいだいたのだろうか？　奇しくも谷崎と彼は、二つちがいであり、江戸の名残の空気のもとに育ったことも同じような感慨をいだくもとになったのかもしれない。

江戸の名残の暮らし

幕末の日本へ来た外国人が、日本人のことをさまざまな文書でほめているのは有名な話である（渡辺京二『逝きし世の面影』、平凡社ライブラリー）。彼らの記録から、貧しいながら礼節に厚く見ぎれいに暮らしていた人びとがふつうにいたのがよく分かる。このような江戸以来の人びとの生活ぶりは、ご一新を経ても基本的にはしばらくは変わらなかったのである。

先生の描く品川宿に住む人たちも同様であった。

それらの横丁の又横丁ともいうべき所の一部には、極めて小さな家がごたごたと密集して、人は其処を読んで何々長屋と云う。いわゆる陋巷《ろうこう》ではあるが、さりとて全くの貧民窟でもなく、中には朝晩格子戸を磨き小綺麗に住んで、江戸時代からの伝統を伝えて居る家もあったのである。（五二・五三ページ）

「朝晩格子戸を磨き小綺麗に住んで」いこうとする人びとは、戦後のある時期までけっして珍しいことではなかった。それというのも、道は舗装されているわけではないし、雨が降れば泥濘となり、降らなければ土ボコリが舞うということで、朝晩木の格子戸を磨いておくのは、おもに主婦のたしなみでもあった。また、家の前を掃いておくのは当たり前のことで、それはだれのためではなく、みずからをも含むご近所のためであった。今でもそれは住宅地でなされているだろうが、その昔は、住人のたしなみとしてごく自然にご近所の間で行われていたのである。たしなみとして昇華していった根本には、キレイ好きという性質をどんな住人ももっていたということだろう。そしてみずからをきれいにすることはまた、おのずと他者にも同断に及んでいることを知りぬいていたのである。つまり「お互いさま」という心根が生きづいていたのである。

先生は、そのまちにひっそりと住んでいた人びとを何人か紹介しているが、その内の一人が「使い屋さん」といわれた五十がらみで背が高く、「顔の道具だてが大ぶり」な人である。

使い屋さんとは、のちの時代のように東京府内に路面電車が縦横に走っていなかった時代、町内の人に頼まれて、東京府内のほうぼうに買物に行ってくれた人である。使い屋さんが買物を頼まれるのは、それなりの前提があった。

此の明治中期は、未だ老舗は老舗としての誇りを持ち、その多くは矢鱈《やたら》に出店など出さないで、一図《いちず》に我が店を守って手堅い品を売ることに努め、それぞれ名代《なだい》とか名物《めいぶつ》とか称して、店の方にも客の方にも、責任と信用と愛着とがあった時代である。それ故使い屋さんを頼んで、遙々《はるばる》足を運ばせたのでもあった。(五四ページ)

この文章の眼目は、「店の方にも客の方にも、責任と信用と愛着とがあった」ということである。ここにあるのは、買物がたんなる金銭と商品の交換というむき出しの行為にのみとどまるものではなかった。店は、暴利や浮利を追わず、適正な価格と品質の維持のために努力し、客はそれを信頼し、愛着をもって接していた。文明開化の過程にあったとはいえ、生産規模も今より格段に小さかったころの夢のような話であった。

その使い屋さんは、次のような人であった。

もう五十がらみの頑丈な人で、木綿の着物に小倉の帯をきちんと締め、尻は端折《はしょ》らず、麻裏草履をはいて、見るから克明そうな人物であった。何某《なにがし》かの銭を預って確かな品物を買って来るのであるから、何よりも信用が第一で、決して頭をはねたり尻っぽを切ったりはしないのである。彼はその正直律義《りちぎ》の象徴のように、年の割には時代遅れに過ぎる丁髷《ちょんまげ》を戴いていた。（五四・五五ページ。傍点は著者による）

「正直律儀な人」は、青年期の生活スタイルを変えることなく、江戸の遺風である丁髷を頭にのせていた。その人は、時代に抗うというような大層なことではなく、昔のままの習慣をつづけたいとの思いからそのようにしていたのであろう。

丁髷をのせた老人はもう一人いた。小さな小間物荒物を商う店の主人で、店売りと同時に行商もしていた。

その人は帰って来ると、自分の家だのに、入り口の所で丁寧に腰をかがめて、只今帰りましたと云って居る。すると連合いのお婆アさんが出て来て、それは頭に小さな丸髷を載せお歯黒《はぐろ》をつけた、もう年を取っているので顔も黒く、極端な言い方をすればかち栗のような小さい顔のお婆アさんではあるが、まことに見るから善良そうな人で、出て来るとこれも誠に丁寧に、お帰りなさいまし、ご苦労さまで御座いました、といんぎんをきわめた態度で迎えるのである。（五九ページ）

この夫婦は、おそらくその日暮らしに近いカツカツの生活をしていたにちがいない。この文章から、そうだといえるほどのものは書かれていないが、貧しい暮らしに対して、いささかのひねくれた仕草などは表われようがない立ち居振る舞いが文章から匂い立ってくる。みずからの貧しさについて、他人を羨む根性などはこれっぽちもない人たちなのである。彼らの貧しさは、今日のそれとは質的に異なる。つまり、みずからの稼ぎ以外に当てにするものは基本的にはないなかで、日々の営みをより充実させたものにしようという意識をもつことがない限り暮らしは成り立たない、ということをよく知っていたのである。

この老夫婦の一見したところ優雅ともいえる受け答えに表われていることの神髄は、自分たちの生活の質を上げていこうという黙契のようなものが、自然と光ってあらわれたということだろう。この夫婦は美談の主とも見なされてもいいが、そんなことは、日々の暮らしの節々でお互いの呼吸のようなものが合えばかんたんな行為である。もっと分かりやすくいえば、お互いを労わり合うという心根さえあればなしうることを知っていたのである。

この二人の風貌のうち老妻については引用の中にあるが、その夫たる人については、「骨組みの田舎めいたがっしりした人」で、ともに生まれながらの庶民ともいえる二人であった。いわゆる「学」のある二人ではないが、二人はお互いがお互いを労わるというたしなみを自然に備えていたのであった。たしなみとは、教えられたり、学んだりして会得するものではないとわたしは思っている。成長の過程で、たぶんモノ心ついたころから成人になるまでに見よう見まねで身につけるものであろう。とはいってもすべての人がそうなるわけではないのが、実に神妙なことである。

この二人を称して近所の人は「お辞儀屋さん」といっていたそうで、当時としても珍しい老夫婦であったし、近所の人にとって、二人の日々のたたずまいは、何がしかのうるおいをもたらしていたであろうことがこの渾名からも推量できる。

陋巷に沈潜する細民

品川宿に生きている人たちは、「お辞儀屋さん」のように人をなごませる人間たちばかりではなかった。いやそうした人はむしろ少数派で、近代化の波に取り残され、世の汚辱を一身に受けたような人びとが多くいた。そうした人びとのなかで「生一本の愚」ともいえる人物が「たろ」さんであった。

たろさんの姓は、「多くその姓を知らず」、「ただ車屋のたろさん」とよんでいた。太郎が正しい名前だったが、「短くたろと発音する所に、軽んずる気持と愛する心持とが現われて居た」のであった。たろさんは、「ただ正直者と云われて通って居た」わけで、「生一本の愚」は無類のものであった。先生がかくのごとく「生一本の愚」のたろさんを持ち上げるのは、次の思いからである。

一体、俗世間で明敏聡明などと称するものは、大抵、小利口とか、横着《おうちゃく》とかと背中合せになって居るもので、それの甲羅の生えたのが老獪《ろうかい》と称するものである。明敏なる故に利害得失がよく分り、それが分るから利と得とに就き易く、また利口なるが故によく其の尻ッ尾《しっぽ》を隠し得てもいるのである。（六七ページ）

このように先生はよほど「明敏聡明」な人間が嫌いか疎ましく思っているらしく、かなり世間の常識とは隔っているかのような感慨をもらしている。「明敏聡明」な人がそのように指摘される側面をもっていることは否めないにしても、いささか偏屈な誇りも免れないかもしれない。極めつけは次の一文である。

人もし真に聡明にして損得も野心も捨てて顧みないなら、これは変人の部類に属する。然しこの変人も、底の方に理想とか理窟とかいうものがおどんで居て、少々うるさいのである。（六七・六八ページ）

先生の父親が、たろさんの車に乗ってやることを家のなかで勧めていたのは、「貧しくて正直なのを憐んだ」ためであった。今日では、憐れむという感覚は、尊大と思われても仕方のない行為だろう。

ところで、当時の辻待ちの車ひきは、だれでもがすぐにでもできる、ほとんど技術のいらないことで知られていた。窮迫した人たちにとって、当日からでもできる仕事であった。車を持つ親方から何がしかの損料を払って借りるわけだから、稼ぎとて高が知れていた。幕末維新の激動のなかでおびただしい人たちが取り残されていったが、たろさんもその一人であったのかもしれない。

まちにはまた、古い習慣が残っていた。先生の家に月一回、強飯屋の法印と称する七十がらみの老人がやってきて決まり文句の「目に諸々の不浄を見て心に諸々の不浄を思わず、口に諸々の不浄を言いて心に諸々の不浄を思わず」というようなことをいって、何がしかの小銭をもらい受けていた。月に一回とはいえ、何年もやってくるうちに先生はその文句を覚えてしまったというわけだ。

この法印がなぜ強飯屋といわれたのかだれも知らず、昔からそうよばれていたためであったか、おそらく昔の稼業がそうであったためらしい。このような法印姿をしているとはいえ、本人は必ずしも宗教者といえるわけではなく、民間習俗のひとつとして喜捨を受ける役目をだれかから受け継いでいたのだろう。落語にもある「厄払い」も似たような習俗で、「厄払い、厄を払いましょう」といって大晦日に軒下に立って小銭をもらうことがあったというが、それに類することだった。

おそらくこの法印の所業は、かつては宗教的行事であったものが、時間とともに宗教色は薄れて生活習俗のひとつへとすりかわっていったものと思える。それと同時にいつごろのことからか、その役割を受け継いだだれかが生きられるような仕組みとなったのかもしれない。一軒一軒はわずかな金額であっても、数がまとまれば本業と合わせて人間一人何とか生きていける、素朴な生活安全網の名残であったのかもしれない。

一方、品川には、少年の目にはいかにも訳ありのおとなたちが暮らしていた。先生の少年のころの品川の一部には、空き地や原っぱが多くあり、打ち捨てられた寺も多くあったという。そんななかの一つに掘っ建て小屋同然のあばら屋に住んでいた一人の「頑丈な爺さん」がいた。敷地内にできた野菜は当然のように売っていたが、自然にできた花やつくし、細い筍さえも売ったという「欲ばり爺さん」であった。この爺さんに対して子どもの眼は残酷である。

この爺さんは、ある時、何を思ったのか、ひょろ長い三階建ての家を建て始めた。その当時、品川沖に停泊していた軍艦に乗っていた水兵が上陸した際の休養のために貸そうとしたのだという。建て終るかどうかという時に、爺さんの所へ、三十前後の若い女が住みついた。そのいきさつはだれも知らなかった。

少年の先生の見立てによれば、「貸家にも貸間にもなりそうもない」ことが分かっていたその家は、いつの間にか人びとの噂にものぼらなくなり、その若い女も姿を消していた。しかし、先生は子どもながら、この老人と若い女のことが気がかりだったらしく、次にように述懐している。

この女がどうして此の爺さんに近づいて行ったか、どのように吝い爺さんが女に溺れて行ったか、これを考えたり書いたりするのが苟も物を書く者ののなすべきことではあるが、私はただ少年の日の眼に見た事と耳に聞いた事だけを今は記して置く。いつの日か、静かに落ちついて、深くその人々の心の奥に分け入り、場所の景色や人の動きを細かに写して見たいとも思うが、それこそ、読者はかたくなで欲深い爺さんが、若い女に引かれて行った心を連想して可笑しがるかも知れない。（九〇・九一ページ）

少年の日の道徳律は、両親や周囲の範囲を出ないし、一方的な判断になるのは仕方のないことで、老人と若い女の「心の奥」は少年には分からないのは当然である。おとなになった先生は男女の機微を少しは理解し得るので、少年のころより同情的である。男と女のことは、いわずもがなのことだが、絵にかかれたようにはいかないし、組み合わせの数ほどちがいがあるのが本当の姿だろう。

頑なで孤立して生きていたこのような老人は、おそらくどこのまちにもいたであろうことの意味をわたしたちはどのように受けとめたらいいのだろうか。孤立して生きることをみずから望んだのか、はたまたそうせざるをえなくなったのか、個々の事情はさまざまであったにちがいないが、ときおり彼らの行動には愛嬌のようなものがある。「貸家にも貸間にもなりそうもない」家を建てたり、若い女と暮らしたりしてしまうことがそうだろう。

それを常識からの逸脱といってしまっていいのかどうか分からないが、孤立していた分、彼らは世間の則に従うことはほとんど考えていない。

ご近所と暮らしを楽しむゆとり

品川の御殿山は、江戸以来の桜の名所であった。俗に千本桜といわれたほどで向島と並んで有名であった。先生は、執筆当時（昭和三十五年＝一九六〇年）、都内の桜の主流が染井吉野に席巻されてしまったことを嘆いているが、先生の記憶では、当時の桜には濃い色と「むせるような香気」があったという。そういわれれば、主流となっている染井吉野からは香気を感じることはないし、色は淡泊である。先生の記憶のなかの桜は、一体、どういう桜であったのだろうか。

愈々《いよいよ》花が咲き出すと、燗酒、ゆで玉子、海苔巻き、するめ、そんな物の匂いと花の香りとの一緒に湧き返った中を、色々の大道藝人や物貰いに近い藝をして歩く者たち、その中に私の嘗て書いた土地ッ子の愛すべき「お泣きの勘こ」も剥げちょろけの刀を差して、芝居の真似事をして筵《むしろ》の間を歩いていたのである。それよりも今覚えているのは、何処の筵でも皆三味線を持って弾いたり躍ったりしていたことである。大分の人が花見手拭を姉《あね》さん冠《かぶ》りにして、心から春を楽しんでいる姿であった。（一〇三ページ、傍点は筆者による）

このように人びとが心から春を楽しむのは、娯楽の乏しかったこともあるだろうが、それだけでもないように思える。江戸以来のまちのしきたりのようなものに無意識に乗っかっている安心感があるだろう。さらにいえば、ひとつの町内がこぞって参加しているという安心感でもあっただろう。文中にそのようにはっきり書かれているわけではないが、そのように考えていいように思える。つまり、落語の「長屋の花見」である。

近代史研究者である小木新造は、明治初中期までの庶民にとって生活は、「町内完結社会」といえるものがあったという。生業も居職の職人がほとんどで、商いも町内の内でほとんどこと足りたというものであった。それによって町内は緩やかな紐帯で結ばれていたということであり、それが暮らしの大事なところにまで生きていたということである。このような社会＝町内であれば、町内こぞっての花見は重大なイベントであり、リクリエーションの機会であったのだ。

小木は、町内完結社会が伝統としきたりにしばられて、いいことづくめではなかったものの、「血のかよいあった地縁的人間関係が息づいていた」といっているように、町内の親和力は今では考えられないほど濃密であったのである。この濃密な親和力は、この一世紀余の間にほとんど失われてしまったが、わたしたちはそれを近代化といっているわけである。

町内の人びとは、濃密な親和力のなかで漫然と日々を過ごしていたわけではなかった。その親和力をよりなごやかにするべく、折りおりのイベントをもよおして努めていたのであった。

> 彼ら町の人々は、今のいわゆる教養こそなかったが、芝居を観、踊りを習い三味線を聞いていた。よしや其の芝居の筋はらちくちもないものであっても、その音楽は甚だ単調なものであっても、それを知ったのではなく、楽しんだのである。（一〇五ページ）

先生が「楽しんだ」といっても、今日のそれとは実態を異にしているといっていいだろう。品川の町内の人びとは、楽しみを日々の生活のなかで生かす潤滑剤のひとつとして身につけようとしたのであり、それを表現することに喜びを感じていたのであった。

ここでわたしは、戦前に亡くなった祖父が浪曲のＳＰ盤を相当数残しており、昭和五十年代まで間狭な家のなかにそれがあったことを思い出した。関東大震災で浅草を焼け出され、川口に住むようになってから集めたものらしく、当時の贅沢品である手回し蓄音器を買ってよく聞いていたらしい。蓄音器を持っていたとはいえ、一介の人入れ稼業としてはそれほど余裕があったとは思えないが、市井の一市民の楽しみとして、浪曲を楽しんでいたのである。

ところで、小木の前掲書の統計によれば、明治二十二年（一八八九）、東京府の寄席席亭数は二五五を数えたとある。戦前のある時期まで、寄席は町内にひとつはあったといわれるように、必ずしも娯楽に乏しいとはいえなかったかもしれない。

時代がはるか隔たったとはいえ、わたしたちはこれまでのべてきたような人たちがいたことをどのように受けとめたらいいのだろう。時代はたしかに急激に変化して、過去ははるかな幻影と化しつつある。とはいえ、このような人たちがいたことをはたして忘れていいものとは、だれも断じることができないのだと思える。

明治初年の記録された人びと――鏑木清方

　鏑木清方（一八七八〜一九七二）は、十四歳から日本画の修行に入り、近代から現代への日本画界の変貌にあっても、晩年に至るまで一貫して美人画家として親しまれてきた。代表作に「築地明石町」がある。

　清方は、画業のみならず、随筆の書き手でもあった。わたしは、なかでも晩年に手がけた『こしかたの記』（正続二巻、中公文庫、昭和五十二年＝一九七七年。文庫本は正続であるが、正はそれとして表記されていない。本書のページ数は、すべて正巻による）は、数ある自伝中の白眉と思っている。

　その『こしかたの記』の面白さを教わったのはかなり前のことで、そのわけをじぶんでも納得しようと一読したところ、冒頭から叙述が並々ならぬ身体性に富んでいることを知った。むろん、ほとんどの本文は、事実の列記でしかなかったが、ときおり記憶が鮮明に、清方特有の身体性に根づいた像として蘇ったのではないかと思わせ、それを楽しみに読み進んだ。

開化の絵草紙

『こしかたの記』の冒頭は、次のような文章で始まっている。

今のような高層建築のまだ無かった時分には、地平線につづく大空を東京の何処からでも見ることが出来た。その広々とした空を映して、さのみ大きくはないけれど、満々と水を湛えた池に臨む小座敷に、半白の髪をざんぎりにした老女が、傍近く積み重ねた草雙紙を次々に取りあげて、うしろ紐の男の子に絵解をしてきかせている様子を、私は遠い昔の幻に懐《いだ》いて、ともすれば、思い出すことがある。（七ページ）

ここでは、まるで時間が止まっている。たぶん子ども時代の回想というものは、いつの時代であっても永遠の停止ともいえるものがあるのだろう。今日のわたしたちにとっても同じことだろうが、子どもの時分に感じた時間というのは、おとなになって感じたそれよりも長く、印象はとめどがない。

それにしても、ここにいる老女と孫の情景すら、今日ではさほど見ることはまれといっていい。このなかから見えてくるものは、今日風にいえば、身体化した身振りの自然な継承の発現ということであろうか。この身振りで孫と相対することが、老女からすれば無意識的に、孫からすればそれがなんの違和もなく自然に受け入れられていることを、今日のわたしたちは、どのように受けとめられるのだろうか。

四角い言葉でいえば、それは老女の体内に、時代によって血肉化された身振りを伝える心が宿らされ、日々の暮らしのなかでこのように無意識のうちに実践されていた、ということではないかといえそうな気がしてくる。

とはいうものの、〈時代によって血肉化された〉とは、一体どのような時間のはからいでそうなり得るのか？　この時代にあり得て、今日ありにくいということは、われわれの文化の質にとってどのような意味をもつのか、わたしは知りたい。

ところでこの何気ない風景は、おおげさにいえば、わたしたちの文化の質にとって極めて大切なことを教えているのではないかと思える。さらに踏み込んでいえば、江戸―明治という時代の優れて美しい部分が、こうして庶民にまで受け継がれていたのだと思える。次の文章は、それを典型的に語るものであろう。

明治時代に東京で少年の時を送った人達は、宵闇が迫る夏の空に、蝙蝠《こうもり》の飛び交う時分、絵草紙屋に吊るされた数々の美しい錦絵に見惚れて、夜の遅くなるのも知らずに、我を忘れて立ち尽した昔の思い出を有つであろう。それも時代の遡るほど、この幼稚な鑑賞は楽しまれたに違いない。ということは明治の十年代には、読むにしろ、見るにしろ、子供に与えられたものと云っては別に無く、縁日の燈の海を泳ぎ廻って、神楽堂に二十五座の神楽を見るか、独楽《こま》か、面子《めんこ》の遊びの他に、童心を慰めるものも、育《はぐ》くむものも望めなかった。（二五・二六ページ）

こうした少年時代の伸びやかな感触をおよそ八十年ののちにも叙述できるのは、清方の優れた感性に帰するところが大きいが、そうとばかりはいえないだろうという気がしてくる。しごく当たり前のように、それを呼び起こすに足る数かずの記憶の断片が、庶民の生活の片隅に色濃く刻まれていたのが寄与していたということである。それを指して、娯楽の少なかった時代と、今日のわたしたちは一方的にいっているが、果たしてそうだろうか。商業主義に毒された娯楽こそなかったろうが、当時の少年少女は、その分、みずからを慰め、楽しませるための工夫に満ちた遊びに囲まれていた。

それにしても、清方の見た「数々の美しい錦絵」とは一体どんなものであったのだろうか。子どもが「見惚れて」しまうほどの錦絵を売っていたのは、けっして敷居の高い店ではなかった。少年のころ清方は、おそらくいくどもこのような店の軒先に立ってあかずに眺めていたにちがいない。こうした店が、ごく身近かにあったことの幸せを、のちのわたしたちはわずかに思い知る。明治十年代には、さしもの急激な旧時代文物の海外移出の波は穏やかになっていただろうが、それでもなおこのように江戸の名残の錦絵が巷で売られていた。

しかも、それは間もなく終わろうとしていた。水上瀧太郎（一八八七〜一九四〇）の短篇小説「山の手の子」（明治四十四年＝一九一一年）は、少年時代の回想記であるが、そのなかに清方と同じように絵草紙屋の店頭の描写がエピソード的に出てくるのでも分かるように、当時の子どもにとっては懐かしく思い出されることであった。もう一人、同様な記録を残しているのが、人類学者・鳥居龍蔵（一八七〇〜一九五三）である（『ある老学徒の手記』岩波文庫、平成二十五年＝二〇一三年）。

錦絵については、岩本素白の項でもふれた小木新造の『東京庶民生活史研究』（日本放送協会、昭和五十四年＝一九七九年）に、わずかの史料を基にしたものがあり、明治十三年（一八八〇）の『東京商人録』には、錦絵小売店（問屋も含む）が四十八店、二十五年には十六店に減じたと記載されている。なお、『東京府統計表』によれば、錦絵の生産量は、明治五年（一八七二）一三五万枚、九年で二五五万枚だったという。おそらく、先の小売店の減少という事実からすれば、この時期が最盛期だったのかもしれない。それにしても『東京商人録』のデータはどの程度の信頼度があるのか不明なので、あげられている数字は目安と考えたほうがいいだろう。

なお、ここで「東京」といっている区域は、次の旧十五区内のことである。すなわち、麴町、神田、日本橋、京橋、芝、麻布、赤坂、四谷、牛込、小石川、本郷、下谷、浅草、本所、深川である。おおよそ広さにして山手線の内側に、現在の台東区、中央区、墨田区の各一部を足したごく狭いエリアのことで、明治二十年代前半になってやっと、百三十万人を数えた東京人がこのなかで暮らしていた。

本湊町の炭蔵

清方が『こしかたの記』を「中央公論」誌上に連載を始めたのは、昭和三十年代の中ごろのことであった。同書は続もあり、文庫本で正続あわせて五〇〇ページ以上という大作である。幼少のころから昭和にいたるまでの約八十年間を綴ったものだが、実に記憶が鮮明で、おそらく日記とかの資料はさほど使わずに、頭に思い浮かぶことを次々と叙述していったものと思われる。身体的記憶ともいえるものも、実に微細に叙述していることにおどろかされる。その典型ともいえるのが、次の叙述である。

本湊町の河岸には炭問屋が軒を並べていたが、川添の方には中へはいれば昼も小暗い大きな炭蔵が並んで、日の当った道路から一歩踏み込むと、蔵の中はひいやりとして、あたりに積み重ねた炭の、湿っぽさと、甘酸っぱいにおいに包まれて酔ったような気になる。その暗い土間を通り抜けて桟橋へ出ると、そこは石川島に向いた河口になるから、やにわにキラキラする水の光に射られて眼くるめく。（二一・二二ページ）

この文章は、現在の東京都中央区湊二、三丁目の隅田川沿いにあった炭問屋の風景を叙述したものだが、いろいろな地方から船で運ばれる炭がここに集積されていた様子がよく分かる。当時の庶民の日常のエネルギーは、いぜんとして炭がかなりの比重を占めていたから、その需要に応えて、隅田川を上って運ばれてきたいくばくかの炭が集積されていたのだろう。叙述によると、どうやら春先から初夏のように思えるのは、シーズンが終わり、清方が自由に炭蔵へ出入りしているからである。

現在では、炭は、紀州の備長炭を使う焼鳥屋か蒲焼屋くらいでしかお目にかかることもないほど珍しくなってしまったが、当時は日常のエネルギーであるとともに除湿効果も期待されていたから、大量の炭があると湿度が低くなり、同時に温度もやや下がる。

清方はその様子を「ひいやり」と表現したのである。

しかも、その炭蔵は土間であった。むろん、炭蔵の並ぶ小路も舗装なんかしてはいない。舗装のしていない道路は、温度の上昇をいくぶんかさまたげる。まして土間には一日中陽が当らず、しかも固くつきつめてあるから「ひいやり」してくる。今日では、よほどの田舎に行っても土間のある家は珍しい。わたしの記憶でいえば、戦後の長屋の玄関といっても、タタミ二畳ほどのものでしかなかったが、一九六〇年代のいつごろかまで、そこは土間であった。

清方が体験したように、土間に入ったとたん、うすい風が起ち昇ってくるように感じるのは、経験のない人にはなかなか伝えにくいが、昨今の冷房とちがって自然につくりだされたものだけに、身体を通して記憶の底に呼びかける心地よい冷ややかさとともに、さらに炭の「甘酸っぱいにおい」におおわれてくるのに時間はかからない。その「甘酸っぱいにおい」も、たんに炭から発生するものだけではなく、長い年月が練りあげた懐かしさに満ちたものがこめられていると思える。旧家の古い蔵には、人がほとんど入ったことがないにもかかわらず、その家の歴史までしまいこまれ、すぎこしかたのその家の祖先の体臭までもがないまぜになって練りこまれたようなにおいが、重い戸を開けると感じることが今でもある。

清方は、その古い炭蔵のなかへ、何かの拍子で一人で入ったのだろう。眼がなれるまで暗さのなかで恍惚としながら、時が過ぎていくのを忘れたのかもしれず、そのうち身体に深く刻まれた記憶が呼び戻されたのかもしれない。清方は、記憶を身体で感じていく、こまやかな感性の持ち主でもあったから、身体論の何たるかをわきまえていなくとも、鋭敏なその持ち主の伝えることはたしかであるとともに、本書のように実際にそれを凌駕していたという例は少ないと思える。

引用した文章の最後は、土間を通り抜けていくと隅田川に沿った桟橋に出るという記述になっている。おそらく土間の向う、つまり隅田川から、トンネルの出口から見えるようなまばゆい光がポツンと入ってきていたにちがいない。

その出口は桟橋になっていて、川向うは石川島造船所だった。のちの石川島播磨重工の前身である。今はそこには、大川端リバーポイントタワーが建っている。少し話題はそれるが、なぜここに超高層ビルが建っているのかというと、造船という重工業は、しっかりした岩盤の上に建てられる必要があったからそこが選ばれたのである。

むろん、清方の時代、ここには現在の隅田川に作られたカミソリ堤防はなく、土手があった。そしてそこには、荷受けのための桟橋があり、各種の木造の倉庫が櫛比していた。暗いところから明るいところへ出た清方は、川面から反射する光で眩暈に襲われたことを想い出し、瞬時に少年の日の鮮やかな記憶が映像のようによみがえったのである。
清方をめぐるめくさせた隅田川は、むろん夏になれば水練の場であった。地元の古老たちは、隅田川は戦前のある時期までそうであったことを懐かしそうに語って止まなかった。その当時は、この川で白魚がとれたのだから、夏になって泳ぐことぐらい造作もないことであった。

大道芸人の賑わい

芸人といえば、昨今ではテレビやラジオ、そして数少ない寄席でしか見られなくなったが、明治の東京市内には最盛期で二百余の寄席があった（岩本素白の項の末尾でもふれた）。木挽町三丁目に歌舞伎座が建ったのは、明治二十二年（一八八九）の十月であった。それ以前のことを清方は次のように書いている。

建築（歌舞伎座のこと──引用者）のはじまる前にはこの辺一帯は、釆女ヶ原の一部になって、でろれん祭文などの大道芸人の小屋があったり、界隈の子供たちのいい遊び場になっていた。もうじき芝居小屋がそこへ立つと知れわたった時分、私も月のいい晩に女中をつれて小さな凧を揚げに行ったのを覚えている。（四〇ページ）

でろれん祭文とは、門附の説経祭文のひとつで、ほら貝を吹き、短い錫杖を鳴らして語るもので、合いの手に「でろれん、でろれん」といったところから名づけられたものだった。もともとは仏法の尊さなどを法師が語ったものだったが、いつしかその語りが芸能となって、あちこちに出まわるようになったものだ。小屋がけといっても、周囲を幔幕か筵で囲っただけの簡素なもので、屋根などはあろうはずもなかっただろう。当然だれか仕切る人間がいたはずなのに、そうした記録も残ってはいないのも大道芸ならではのことである。この時分には、こうした粗末な小屋の大道芸でも庶民は楽しみとしたのであった。

祭文語りは、娯楽というよりは、宗教儀式の様相を呈していたにちがいない。ご一新がなったとはいえ、旧時代の年寄りたちは健在だったからそうした年寄りも通っていただろう。芸能は一方で、のちの川上音次郎のような洋風のものが一部で起こりつつあったが、多くは旧時代の雰囲気を湛えた、でろれん祭文のようなものが庶民の間にいぜんとして跋扈していたのだ。

京橋際に青物市場の大根河岸があった時分は、市の立つのは昼までであったので、昼下りとなると周囲は森閑と静まりかえり、町芸人が子ども相手にやってくるのもそんな時間であった。

うつし絵も来れば、人形芝居も来る。小人形の家寿治《やすじ》と云うのは舞台を設《しつら》えた車を曳いて来る。聶肩の子供連から送られた「家寿治さん江」と染めた引幕が引かれている。小人形と云っても傀儡師の箱から取り出すほどの大きさはあったようである。その曲目に記憶はないが、遣い手が小意気な男で、形装《みなり》なども気が利いていた。

（五二ページ）

うつし絵とは、清方の説明によれば、名刺ほどの紙に動作のある人物を描き、その背景は黒く塗ってあり、それを裏返したりして動きを加えながら語るものだった。語るのは、たいてい怪談咄であった。人形芝居については、叙述以上の説明がないのでくわしくは分からないが、聶肩の子どもたちが引幕を贈ったというから、よほどの人気者だったのだろう。この引幕、さほど大層なものではないだろうが、それでも子どもたちが小遣いを集めて贈ったものとしても、子どもながら何とも粋なことである。

清方が「形装なども気が利いていた」といい、子どもたちにかくも引き立てられていた家寿治というこの男の生涯が分かったら知りたいと思う気がしてくる。どんな車を曳いていたのかよく分からないが、数里四方を稼ぎの場とし、子どもたちと心を通わせていたのだろう。

うつし絵も人形芝居も江戸時代から伝えられたもので、戦後まもなく爆発的に広がった紙芝居のように、子どもたちはそれを心待ちにしていたにちがいない。いずれにしても子どもの小遣いをあてにした商売だから、その稼ぎも多寡が知れていよう。

当時の東京には、いたるところに原っぱがあった。明治初年のご一新で激減した人口が、明治二十年代前半に江戸時代の数をこえたといっても、今日からみればおよそ十分の一。それにまだ都市化も進まず、建物の数も今よりはずっと少なかったまちなかには、いたるところに原っぱがあるのは当たり前だった。

ここで語られた芸人は、いうまでもなく大道芸人である。寄席などの舞台に立つ芸人とはちがうものだが、彼らの日々の営みによって芸能が今よりも身近にあったのだけは確かである。特別の場で演じられるものではなく、日常のはしばしで演じられるものが大道芸だった。町の芸人たちについては、次のような記述もある。

よかよか飴《あめ》売は東京で廃《すた》れてからでも到るところの津々浦々まで残っていたようであるが、ひとさかりは東京中何処の場末に行っても、ぞろぞろ子供や守《もり》っ子が附いて歩く一組を見かけぬ日は稀れであった。よかよか飴の後《あと》を追って迷子になったり、子守娘がそのまま帰って来ないなどの噂はたびたび聞こえた。（五三ページ）

この叙述の時期は、明治のいつのことか分からないが、清方の子ども時分から青年時代のことであるとするなら、明治二十年代から三十年代のことであるだろう。そもそも、現代のわたしたちにとって、「よかよか飴売」のことが分からないが、これも江戸の名残であったにちがいない。「ぞろぞろ子供や守りっ子が附いて歩く一組を見かけぬ日は稀れであった」という叙述からは、果たしてそれがどんなものか想像できないものの、戦後間もなく生まれた人にとって、昭和二十年代から三十年代の紙芝居を想い起こせば分かるかもしれない。あれほど、子どもがまちなかや路地の一角にたかって遊んでいた時代は、その後もなかった。

子どもと町芸人

清方が、彼らのことを「町芸人」といっているのも、飴売りの芸が子どもたちをひきつけるのに十分だったからである。子どもたちは、飴よりも、その芸人の芸の方を買っていたのである。今日の購買行動のように、単なるモノとカネとの交換という素っ気ないものになっているのとちがい、絵草紙屋といい、よかよか飴売りといい、この時分の子どもたちは、自由になるおカネは今から比べるならば格段に少なかったとはいえ、十分、芸を買って楽しんでいたのであった。

名優で美男の聞こえ高かった坂彦（五代目坂東彦三郎）に似ていると云う五十前後の、いずれは粋が身を食う果であろう、やはり飴を入れ盤台の縁《へり》に長提燈をいくつか立てたのを頭に載せて、女房らしいこれも小粋《こいき》な年増の引く三味線につれて、小褄を絡《から》げた腰を振り振り、小娘の手振に合わせて、柄太鼓を叩きながら躍りまわるのであった。（五三ページ）

この描写は、そのよかよか飴売り一家のものであるが、「いずれは粋が身を食う果であろう」なんてことは、清方が成人してからそう考えたことであって、子ども時分にはまさかそんなこと間で思いもしなかったであろう。それはともかく、清方は、こうした一介の庶民の人生についても、何がしかの思い入れのようなものを注ぎこんでいて、それはやはり清方特有のものである。その視線は実にさめていて、『こしかたの記』が凡百の回想録とを分かつ所以である。

このよかよか飴売りは、清方もいうように「町芸人」だから、今日まで名を残す名役者や名人ではない。むろん名前も残っていないが、清方によってわずかにその他の町芸人たちとともにその素顔の一端が歴史の闇のなかから浮かび上がってくる。

一体、町芸人たちの稼ぎはどのくらいだったのだろう。多寡が知れたものだと思われるが、清方のいう役者の坂彦にも似た飴売りも、日がな稼ぎ通してやっと、親子数人が暮らしを立てることができたものだったろう。多くの人がその日暮らしだったから、稼ぎの多寡を気にすることもさほどなかったのかもしれない。そう考えると、明治初年の庶民の暮らしの実情は、いまだ江戸時代と地続きで、生活の時空間が今よりもゆったりとできていて、生活費はたいしてかからず、そのためにアクセクすることもなかったのかもしれない。

例えば、この飴売りのように、物売りが芸をつけて売るという行為は、今ではほとんど消え失せ、むき出しの商品と金銭の交換でしかなくなっているが、何がしかの芸に商品を付けて（あるいは、商品に芸を付けて）交換していく行為がごく当たり前であった時代とそうでなくなった時代とを分かつものは、文化のあり方のどこかが変わってしまったのではないかという、かすかな憂いではないかと思える。

ここで少しエピソード的に回想してみると、戦後の一時期まで爆発的な人気のあった紙芝居は、おそらく芸に商品を付けたものを子どもが買って楽しんだ最後のものだったのだろう。その当時、子どもであった人は、昼下がりの三時か四時ごろになると、紙芝居のおじさんが待ち遠しかったことを想い出すにちがいない。路地うらや空き地に出没する紙芝居のおじさんは、いわばまちのアイドルであった。どこから来るおじさんかだれも知らなかったし、おじさんの売り物を買わない子でも、そのサークルのなかに入ることはかならずしも忌避されていたわけではなかった。

それともうひとつ。これはどこのまちにでもあったものかは判然としないが、わたしのまちでは昭和二十年代の後半から三十年代の初めにかけて、空き地でガマの油売りならぬ、マムシの軟膏売りがよく出没した。ちょうど小学生が下校する時分だから、三時か四時ごろ、その売り手のまわりをぐるっと取り囲んだ大人がざっと三、四十人ほど。今から思えば、まだ昼日中、よくぞこんなに多くの大人がヒマそうに、その芸を見ていたものだと思えるほどの人だかりであった。

売り手は、口上をのべながら刃渡り三十センチほどの小刀で自らの腕を浅く切り(ここがミソで、けっして深く切らない)、血をしたたらせ、売りつけようとする軟膏を塗って傷をピタリと止める。もうひとつは、マムシを自らの腕にかませて、その軟膏を塗っていささかもその毒に冒されないというパフォーマンスを演じることであった。その売り手の口上に曰く「マムシの牙の裏には猛毒があります」といいながら、マムシの鎌首をもち上げ、牙の裏に細い棒を入れてそれを押しだすと、フシギにも牙の先から何やらタラリと黄色い液体がしたたり、下に置いてあった塩酸か何かの入れてある容器が「ジュッ」と煙り立つというもので、子どもはおろか大人も信じてしまう口上とパフォーマンスであった。わたしは、このパフォーマンスが楽しみで、小学校帰りに二、三度、立ち寄った記憶がある。

この話は、薬事法があったにもかかわらず、まるでそんなことおかまいなしにインチキな薬が売られていた時代の名残のようなものであった。この当時、似たような話はいくつもあった。縁日では、そのまがいものを売るおじさん（おばさんはどういうわけかいなかったようだ）を見に行くのが楽しみの大人や子どもたちは、インチキであることを知っていたはずだが、なぜか周囲では楽しみにされていた。

今では、市民がそんなことを許してくれようもなく、路上で商いしているだけで追いたてられかねない。それにしても、先ほどのべたように、人がいつもよくたかっていたものだ。そのわけは、商品に芸を付けた商売を見ることが、日常の切れ目をホンの少し楽しむといった手合いのもので、このうえなく面白いものを期待してのことではなかった。それはたんにカネを払って見るとか見ないとかいった次元のものではなくて、ある社会の共同性なかでこぼれ落ちた時空間のあわいに、商人と客がいっとき、許しあえたという黙契のなかで演じられた野外劇のように思える。演じるほうも見るほうも、それとなく共同性のなかでこのような時空間のあわいに包まれていたのを感じていた。

まちを流す大道芸人

明治三十四年（一九〇一）四月八日、清方は南伝馬町から木挽町一丁目十五番地に移った。この「隠居所めいた借家」に清方は、三十四年から四十年までを過ごした。この地は「前半生を賭けた挿絵の業の成長に、思い出尽きない古跡」であったためか、数々の文章を残している。

　障子を開けて何ごころなく表を見ていると、隣近所ろくに顔を知らない人でも、通りすがりに言葉をかけてゆく。窓の竹連子にやっと手の届く小さい子は、「兄いちゃん、はいってもいいかえ」と寄って来るのも、山の手には見られない下町の心易さがあった。（一三六ページ）

「隣近所ろくに顔を知らない人でも、通りすがりに言葉をかけてゆく」その延長上に、この小さな子どもがいた。人びとはひしめきあって住んでいても、そこには今でいうプライバシーなどという観念はもとよりない。それがないことによって、かえって人びとの日々の平安は保たれていた。かつては他者とみずからを分つものは、物理的にも心理的にも壁一枚の世界であったのに、わたしたちは、いつごろからかそういうことがうとましくなったのであろうか。

清方のこの文章のなかで、相互の関係が必ずしも密なものではなくとも、「隣近所ろくに顔も知らない人」であっても、「通りすがりに言葉をかけてゆく」ことが自然とできたというのは、どういうことだったのだろう。わたしは、ここに住む人びとは暮らしのうえのたしなみをだれしも持っていたのではなかったろうかと思っている。隣近所の親和性をなんとか守っていこうとした気配のようなものがうかがえるからだ。岩本素白の項でもふれた「町内完結社会」の名残のようなたしなみが残っていたのかもしれない。

そして、子どもですら、ちゃんと挨拶をして入ってくるではないか。「兄いちゃん、はいってもいいかえ」という挨拶は、一体いつごろの時代のニュアンスを伝えるものなのだろうか。奥床しささすら感じるのである。

そして、清方は次のように続ける。


この窓の外の細道には、それぞれ今では跡を絶ったと思われる行商人や、珍しい門附《かどづけ》も折々は姿を見せた。傀儡師の流れを汲むと云うのであろうか、頭に手拭を載せた老女が、古びた小箱を襟から吊り下げて、「赤坂松並木」新内のひとくさりを、嗄《しゃが》れた声で語りながら、箱から取り出す手摺れた木偶《でく》を遣うのが面白くて、この旅

芸人の老女が窓べに立ち寄るのを、いつも私は心待ちにしたものである。(一三六ページ)

清方が嬉しそうに「今では跡を絶ったと思われる行商人や、珍しい門附」とは一体どんな人たちだったのだろうか。門附というのは、小沢昭一がいうところの放浪芸であるが、今日では、正月の三河万歳ぐらいしか残っていないであろう。越後に瞽女さんがいたが、今はいない。門附について、当の小沢は、次のように語っている。

門附芸は本来、村から町、町から村へと、神の代理人めかして祝祷して歩いた放浪遊行の芸能者によって行なわれ、その芸には呪術的要素が強かったという。その呪術はこの国の芸を担う人々が、自分たちの上に重くのしかかった賤視をはねのけ、高飛車に世渡りしてゆく手だてともなったようだ。(『日本の放浪芸』番町書房、一〇八ページ、昭和四十九年=一九七四年)

小沢は、同書のなかで放浪芸が失われていく現在を「中世以来の伝統がいま、消えた」となげいていたが、こうした放浪芸が失われていった背景には、人びとの暮らしから信仰が遠くなり、社会から呪術性が失われたからだとも言及している。しかし、明治三十年代にはまだごく普通の光景としてまちなかに見られたのである。

その例証のひとつともいえるのが、上野の東京国立博物館にある油絵「門づけ」は明治三十九年作（一九〇六）である。作者は、小林萬吾で、黒田清輝の流れをくむ外光派の作品である。近代化をひた走る明治の社会のうちで、どちらかといえば近代とは後向きのモチーフをなぜ描いたのかよく分からない作品である。油絵という西洋の材料で、門附という日本的なモチーフを描くという、ミスマッチのように見える風俗画なのだが、当時は門附は珍しくもない光景であったことがこれで分かる。

門附は、その芸によって何がしかの金銭を得るのだが、彼らは、それが生活の手段であるよりも、「神の代理人」という側面が失われつつあるとはいえ、庶民のなかに多少はそんな意識が残っていたために日常を旅することができたのであろう。

川のほとりで時を忘れ

大川、つまり隅田川は、明治人にとって格別のものであった。そこには、今日ではまったく考えられない世界が広がっていた。

浜町にいた折に、京橋日本橋、また上野の広小路といったような繁華街から、わが家に戻る道すがら、大川端へさしかかると、そこには全く別の天地が展開される。この川筋の大橋寄りは、夏は水泳場の小屋が立ち並んで、対岸への見通しを遮《さえぎ》るのが、秋風立ち初《そ》めると跡なく取り払われて、青空の下、石垣の縁《へり》の連なる釣客の群れが眼の届く限りつづいて綸《いと》を垂れる。自転車を駐めてこれに見入って時を忘れるのみでなく、ここではまた音を忘れる。偶《たま》に人力車が鳴らすベルか、河面を駛《はし》る蒸気船の笛の他は、行人を驚かす何ものもないのである。(二五五ページ)

この回想は、明治の後半のことだが、まだ大川は人の生活とともにあった。清方が描写するように、夏は水泳、秋には釣り人が静かに釣り糸をたれていた。しかも、蒸気船が往来していた。ひと言でいえばまだ川は汚れていなかった。それよりも何よりも、ここにはかつて文人墨客が創造の糧とした名残のようなものが残っていた。この叙述によって大川の一画が、まちなかの雑鬧とは際立った別天地のような様相を呈していることが浮かんでくるからである。この当時の東京人は、まちなかに川があることを日常のうちの誇りとして暮らしていたのである。

回想はつづく。

それにまた、長い橋一つ越して対岸の深川へ一歩踏み入れると、何処へ往っても江戸末期の黙阿弥の舞台面がそこらじゅうに見出される。また新大橋の袂では名物バカの目刺を串に通したのがいくつも吊るされて、大きく蛤画をかいた看板がわりの腰障子を立てた小屋がある。程近い安宅《あたけ》河岸には、東京にただ一つ残った、屋根の付いた火の見櫓が高く聳えていた。(二五六ページ)

ここには数えるほどの人間しかいない。写真家桑原甲子雄の写真に昭和十年代の隅田川を撮ったものがある。隅田川のそばで、母と子が後ろ向きになって川を見つめていて、それ以外に人はいない。ただそれだけの写真なのだが、懐かしい感慨につつまれるのはなぜだろうか。むろん、わたしはこの時代には生まれていないから、この時代のことはいささかも知る由もない。わたしの感じる懐かしさは、昭和二十年代のそれとどこかでつながっているためだとしか思えない。あのころも、川のそばには人がいなかった。川というのは、釣りをする人か、散策のためそこに訪れる人しかいない場所なのだ。

ともあれ、あの母子はいまも健在なのであろうかとか、その後の激動の昭和をどのように過ごしたのだろうとか、他人事ながら気になるのである。桑原のこの写真には、昭和十年代の市民の平安というものがある。若い母親といっても、年齢は三十ちょっとすぎ、男の子は四、五歳というところだろうか。

川べりは、やはり初夏のころがいい。時刻でいえば、暮れる少し前の午後六時ごろ、どこからともなく風が吹いてきて、その日の一日の苦汁が洗い流される。かつての川辺は、都市に残された最後の解放された空間であり、そこでは音も失われる。

明治四十三年（一九一〇）、清方は、遠あるきの途中、忘れられない景色と出合う。

小名木川に近い西六間堀の片側町で、軒も床も低い、見るから湿っぽい家のつづいたなかほどに、子供相手の駄菓子をならべた店があった。破れ壁《や》に貼った相撲番附の前に、白髪の老婆が、藍色の勝った盆提燈を手にしたのと、他《ほか》に大人《おとな》と子供の入り交った四、五人が、いま迎い火の支度最中であった。提燈の灯をうつしたものの様にも見たが、土器《かわらけ》に積み上げた苧殻《おがら》に火がつくと、銀ねずみ色の煙がもくもくと起って戸外に流れ去る。それに咽せたらしく、小さい影が二つ、縁台を放れて飛び退いたのは、どちらも七、八つの女の子であった。パッと炎が立つと、何かの呪禁《まじない》であろう。烟管《きせる》をさしこんで吸いつけるものもある。軈《やが》て火が消えると、また別の人が燃えさしを取って道を隔てた堀へ捨てにゆく。それとちょうど入れ違いにどこから出たのか、渋蛇の目の傘をさして、白地紋のゆかたを着た年増が、束《たば》の線香に火をつけたのを提げて来て、堀端にこれを手向《たむ》け、しゃがんだままに手を合わせてしばらく回向するかに見えた。（二五六・二五七ページ）

場所は、「軒も床も低い、見るから湿っぽい家」がつづいたなかの一軒の駄菓子屋の店の前のことである。偶然、清方がそこを通りかかり、出合った「迎い火」のほんの一瞬を描写したのがこの文章である。ごくありふれた貧しい下町の「迎い火」の情景であった。

この文章の近くで、第五回文展（明治四十四年）のことについてふれているので、だいたいの時期が分かるが、それは清方をはぐくんだ江戸―明治がまさに終わろうとしているときであった。この文章で『こしかたの記』は終わり、清方の回顧は『続こしかたの記』へ移っていくが、それは時代が大正となったことであった。

清方が、明治がまさに終わろうとしていたときに見た、深川の小名木川に近い西六間堀の「見るからに湿っぽい家のつづいた」界隈における風景は、『こしかたの記』を書いている昭和三十年代初めには、まったく歴史の彼方のなかに消えうせてしまったものであった。

ここにあるのは、懐かしさばかりでなく、分を弁えて生きていた庶民のつつましやかな暮らしのなかにこそ、輝いたものがあるということを問わず語りに語っているということなのだろう。清方がこの光景を見てから、この文章を書くまでにおよそ五十年は経ていた。この間の時代の転変は、清方じしん予想もしなかったことであろう。それゆえに、明治も終わろうとする時期に見たありふれた東京人の暮らしの一齣が珠玉のように思えてならなかったのである。

明治の終わることを清方は、ことさらなげいてはいない。しかし、点景のように叙述した光景の声高でない分、しみ入るような感慨を伝えることに成功している。この文章には、とりわけて民俗学的に特別視される場面があるわけではない。ごくありふれた、お盆の「迎い火」の光景でしかない。これらの文章は清方の画業の根っこにある目に見えない背骨なのだということをもまた語っているのである。

このように、その回想によって明治のしごくありふれた光景をかくも美しく描き上げた人はいないだろう。わたしは、懐かしさからというよりも、そして過去は美しいという常套句のためでもなく、それはたしかにあったということのために記憶されなければならないと思っている。

隅田川に育まれた女たちのなさけ――幸田　文

幸田文（一九〇四〜九〇）は、隅田川と縁の深かった作家である。ざっとあげてみても、生まれたのが向島、それから二十歳になるまでそこに住んだ。そして嫁いだのが新川。思うところあって住み込んだのが柳橋であった。それよりも何よりも父の露伴が、明治三十五年（一九〇二）、名作「水の東京」を世に出している（同作は、岩波文庫版『一国の首都』におさめられている）。

露伴親子にとって隅田川は、文筆の種というより以上の痕跡を残している。父露伴が向島を住まいに選んだのは、そこが当時の風流人や金持ちが好んで別荘にするほど、鄙びた土地だったからだが、それ以上の思いがあった。後年、文が自分は田舎育ちということを誇らしげに、いくどとなく語っているのもそうだ。

例えば、アンソロジー集『ふるさと隅田川』（金井景子編、ちくま文庫、平成十三年＝二〇〇一年）では「地がね」と評しているところがあるが、言葉のニュアンスは、謙遜しているようで必ずしもそうでもなく、誇らしげなひびきがそこにはある。なぜ、隅田川沿いの向島の田舎育ちが誇らしかったかというと、それは水であった。

文の育った時代は、東京市中はともかく郊外は、井戸の水である。明治後半の東京の水道水の味がどんなものであったのか定かではないが、どちらがうまいかといえば、井戸水に軍配はあがるだろう。

当時の人は一般に、水にうるさかったといわれる。自分の生まれ育った土地の水を誇りにしていたとは、いくつもの文献にあがっている。あだや水をおろそかにすまじ、と人びとは水を大事にしたのである。

ところが、露伴親子は関東大震災のあと、地下水の流れが変わり、向島の井戸水に油が浮くようになったことから、やむなく小石川に移ったが、文はそれまでとそれ以降の水と隅田川で暮らした庶民についての文章をいくつか残し、それらをもとにまとめられたのが、この『ふるさと隅田川』である。

水の東京の象徴＝隅田川

隅田川については、江戸から近代にかけて、江戸人―東京人ともにある種の憧憬とも、畏れともいえる感情をいだいていたらしいのだが、うまく解きほぐされてきたように思えない。その代表例は、大正時代の先進的な若い芸術家たちの集団「パンの会」が隅田川をパリのセーヌ川になぞらえたが、本物を見た人間がほとんどいなかったにもかかわらず、セーヌ川への憧れを募らせ、西欧への強い思慕を他愛もなく言葉にしてしまったのは一体、どのような心情だったのだろうか。

彼らの心情はそれぞれちがっていただろうが、なぜ〈川〉を創造のミューズ＝美神としたのかという疑問である。「パンの会」の若者たちは、隅田川をセーヌ川に見立てて意気軒昂だったわけは、川のもつ磁力＝魅力にあずかろうとしたと思える。

彼らは、江戸の文人墨客が隅田川を大川とよび、いくたの作品を生み出す詩魂の源泉となったことを想い出し、若者たちがその例に倣ったというところにあるだろう。一方で江戸趣味に共鳴しようという趣向にありながら、かたや西欧への熱い憧れもあるという背反するような心情が同居していた。

文の隅田川はちがった。かつての川から今日の川への変わりようを嘆きながら、心情の底には変わらぬ思慕のようなものが流れている。『ふるさと隅田川』は、隅田川沿いに起こったさまざまなできごと、例えば洪水、水の流れ、土手の桜などとともに一喜一憂する人たちの物語なのである。この点は父・露伴の「水の東京」とは趣がかなりちがう。露伴は、〈川の風景論〉を論述したのであるが、文は、隅田川をめぐる人びととの切ないなさけが主調音である。

本書の話の中心は、明治末から昭和二十年代までのことである。当時の川沿いの人びとの暮らしぶりがよく描写されていて、読むほうものんびり、ゆったりさせてくれる。今日から読めば隔世の感がするのは当たり前としても、こういう時代が百年も経たない以前にあったことはまるで奇跡である。

例えば、今では失われてしまった言葉「みずばち」の話である。「みずばち」とは「水罰」のことで、水を大切にしないと今にその仕返しを喰うという意味である。すでに失われてしまった言葉ゆえ、その背景となった心もないが、水を大事にしないと「おまえに水がこしらえられるか」と、おとなはいう。こういうやりとりはいいものである。「節水」などという無粋な呼びかけよりも、よっぽど気がきいている。それほど水は、当時の市民にとって、今よりもずっとずっと大切なものであったことが分かる。

そして「雪」という名文がある。エッセーとも短篇小説ともいえる作品で、文が柳橋にいた時分の話である。柳橋には、その地名となった橋がある。神田川が、隅田川へ落ちる直前の橋である。

何度見てもこの橋は好きになれない。どうしてこんな頑固な橋をかけたのか。柳橋といふ名がかはいさうだ。「むかし芸者といふものがもつとずつと哀しいものだつたとき、みんなよくこの橋で涙がこぼれたものなんですよ。泣くと、自分の顔のおしろいが自分の涙でふうつと匂ふんですよ。悲しゆござんしたね。(後略)」と云う。(三九ページ)

ここには、橋にまとわりついている悲しみのようなものが書き込まれている。自分の涙でおしろいが「ふうつと匂ふ」という描写は、この元芸者だった女性の悲しみとともに柳橋一帯がそれに包まれているかのように、わたしたちは実感する。

涙でおしろいがわずかに流れ落ち、鼻梁のどこかで「ふうつと匂ふ」とは、ささやかな、一人の芸者の体験でしかなくとも、その匂いは、あるかなしかの微細なものであっても、その女性が抱えた哀しみは、そんなものでないことがかえって際立つ。

その柳橋で元芸妓と会話を交わしながら歩いていると、彼女と顔なじみの若い芸者が声をかける。その妓は、「芸も達者でなし顔も十人なみ」なので初めは末席にいたものの、「気もちに深さと品がある」ため売れっ妓になった。この若い妓との型通りではないやりとりの後、元芸妓は、はやる妓について「二タ通り」あるという。一つは、いわゆる芸者らしい妓で、もう一つは、この妓のように「心の深さ」のある妓だという。

それを聞いて文は、「あの人に高島田を載せて、こんな柄の春の衣裳を著せたら」と想像しながら次のように述懐する。

ほんの行きずりのことでも、心のたけの深さにはまゐるものだ。今年も雪が降るだらう。もう私は雪とあの人を切りはなせない。(四〇ページ)

ホンの短い時間に出会ったこの若い芸妓に、文は一体なにを託そうとしたのであろうか。芸妓の、かくあれかしと望んだ姿を描いて見たものかもしれず、はたまた一瞬の気紛れかもしれずながら、より強く心に残り、あとから文の心中には、この若い妓の美しさがより際立ったのだ。この想像の軽い疾走は、だれしも経験することである。

川岸には、うれしい話もあった。文が嫁いだ先は、新川の酒問屋であった。ここで見聞きしたことを文はよく記録している。よく記録しているというよりも、よく観察しているといっていいだろう。時代は、昭和十年代のことである。このころすでに、隅田川の舟運は少数派になっていたころの話である。

どうかすると樽をとり落して損じ、酒の走りこぼれることもあり、そんな時のためにあらかじめ手桶が用意されていて、こぼれ残りの酒を急いで受ける。そして白木の柄杓をそえて店の軒下へおいておく。通りかかった酒好きが自由にのんでいくのだが、化粧菰《こも》のわら屑の浮いたのをちょいとつまみ捨てて、さてぐうっと一柄杓干して、「ご馳走」といっていく人をみたりすると、ちょいちょい樽が破れてもわるくない気さえするのだった。（一二ページ）

新川は、江戸以来の酒の集積場であったので、隅田川を遡ってそこへ新酒の樽が運びこまれた。ことに秋、上方からの新酒は江戸っ子が心待ちにしたものというが、引用の光景は、舟から荷揚げした樽を蔵まで運び入れる際に起きたエピソードである。文は、この文章の直前に、どの店にも「樽の積み降ろしを専門にする、屈強な若衆たち」が大勢いたといっている。どのような酒樽かというと、おそらく鏡開きでよく見られる四斗樽を想像してもらえばいいだろう。一体どのように搬入したのか分からないが、四斗といえば、一升瓶四十本分に当たるので一人では扱いかねるから、二人で底を転がしながら運んだのだろう。

何かの折にその樽を取りこぼし、その一部から酒がこぼれたのであった。そうしたことは珍しいことではないらしく、樽に残った酒を「白木の柄杓」ですくえるように取り分け、通行人に飲ませていたのだ。むろん、この時代の酒には防腐剤は入っていない。

酒は四斗樽のまま酒屋に運ばれ、そこで客には樽の注ぎ口から枡ではかり、客が持参した徳利などに移し替えて売られていた。

問屋の主は、一度、樽が壊れてしまった酒は売る気にならなかったのだろう。それよりも近所の酒好きの人にタダで飲んでもらったほうが、どんなに気持ちのいいものかを主は知っていたのだ。それは、気ッ風のよさであり、商売の何たるかを超えた潔さではなかったろうか。通行人も、さもそれが当たり前といった風情で「ご馳走」と軽く礼をいって、わずかの引け目もなくさり気なく去っていく。こうした情景は何といえばいいのか分からないが、しごくいい光景である。

夏の隅田川沿い

これはまだ、冷房装置などという文明の利器のなかったころの夏の下町を描いた作品である。「ゆうだち」という、夏の一日の早朝から夜までの人々の暮らしが描かれていた。「ゆうだち」は一体どの時分のことを扱っているのか、文中でははっきりしないが、書かれている内容は、昭和三十年代までどこの下町にでもあった話のようだ。

作中、庶民はそれぞれ夏の暑さを工夫して凌いだことを次のように書いている。早朝から起きだして、往来を掃いたり、散歩したりする人が多かった。作者曰く、「とにかく朝のきげんのいい人が多かった」ことになるのだろう。あるいはまた、「早起きで季節をたのしんでいた」人が多かった。そして朝顔を育てるのが楽しみな人も多かった。自分だけで楽しむだけでなく、通りすがりの人たちにも愛でてもらうことで、よりそれを味わっていたりもする。

また夏の工夫は「建具を外し、簞笥の位置をかえ、軒に目隠しのすだれをかけたりして、夏を涼しげにする」ことであった。何とかあるもので涼を工夫しようという、奥床しさとそれを楽しむゆとりがそこにはあった。さらに加えるなら、浴衣の色気である。昨今では、なかなかお目にかかれないものだが、次のような文章は、今の人には歯ぎしりしてもできないだろう。

蛇の目のひとが、たった一人でくる。顔は傘でみえないが、まだ若い。紺地に白く竹を抜いた、大模様の浴衣だからである。片手で裾をからあげ、下着の水色が急ぎ足にからむ。その足、つま皮をかけない男ものの下駄をはいていた。男ものの下駄を——法界悋気《りんき》のおきるほど、その男下駄にいろけがみえた。（一二二・一二三ページ）

色気、なんていうものが分からなくなっている昨今、ここに書かれている〈いろけ〉からは匂うような香気が漂ってくる。この若い女性は、夕立のなかを足早に文のほうに向かって走って来る。下駄の鼻緒に細い指がしっかりからまっているのが見えるくらいだから、かなりの近距離に迫っている。この一瞬の情景を数行のなかに描き切ったのはさすがだが、なぜこの男下駄に〈いろけ〉を感じたのか。若い女性と男下駄という取り合わせの妙に関心がいったというよりも、小股の切れ上がった素足の美しさと立ち居振る舞いの小粋さから伝わる気ッ風に感動したのだろう。

若い女性の素足そのものがすでに艶っぽいが、その足の男下駄は、女性の連れ合いのものであり、男下駄は、その男のたとえにちがいなく、文はこの下駄になってみたいほど、女ながら嫉妬したと思える。

しかし、アスファルトではない未舗装の道路の夕立は、弱い降りならばともかく、降り込められると、道はたちどころに泥濘に見舞われるから厄介なものだが、夏の雨のない夕方はどこでも打ち水をした。

これをしないと夕方の感覚に締まりがつかない、というように女たちは思っていた。（一一三ページ）

女たちは打ち水をしないと気持ちに「しまりがつかない」のである。打ち水の効果は、正直いって知れたものである。もっぱら心理的な効果をねらったものであるため、夕方には気持ちにしまりをつけようと打ち水をしたのである。

気持ちにしまりをつけようとすることは、打ち水だけではなかった。一日の暮らしの節々でそれは行われていた。朝晩、家の周りを掃き清め、かつまた神仏への祈りを欠かさなかったのはその一例である。楽しいにつけ、悲しいにつけ、人びとはそうして一日を刻んでいたのである。

一杯か二杯の水だけれども、夏の水には値うちがあって、濡れれば道の石ころも光るし、おしろい花もいきいきする。貧しいくらしの中にも、そんな形のうるみがあった。（一一三ページ）

人びとは、いつも、四季を通じてささやかな生活の「うるみ」をこしらえていた。生活の「うるみ」は大げさなものではないが、その喜びはそれぞれにとって極上のものであったと、わたしは思う。「うるみ」とは、「潤み」のことだが、現在の広辞苑では、「うるむこと。にごり。くもり」となって、明らかに文は、この意味では使っていない。「うるおい」という意味で使っていることに、わたしは大事なことを教えられたと思っている。

例えば、夏の行水。どこにでもあった洗濯用の木の盥は、日中、日陰におかれ、子どもならそのなかでわずかに水を浴びるだけでしばしの涼をとることができた。鏑木清方の『こしかたの記』のなかに、明治の行水についてふれた次の一行がある。

　昔はよく路地の片蔭に、雨戸を斜に人目を避けて行水をする慣いがあった。（一五一ページ）

この情景は、清方が幼少のころから青年になることだとすれば、明治中ごろのことと思える。当時の多くの人びとは長屋住まいである。俗に九尺二間といわれるほど狭小であったがために、室内で行水することはできなくはないが多少の無理がともなう。そこで、清方の記述に従えば、家の外で戸板を二、三枚斜めに立てかけて囲いをつくり、そのなかで水につかっていた。人目を極端に避けようという意図はなく、わずかに不躾な視線にさらされない程度の防御の意識しかそこにはない。そこには、無遠慮な視線がないという前提があって初めて成り立つという黙契があったことが分かる。

清方の昭和二十三年（一九四八）作の「朝夕安居」という明治の暮らしを描いたシリーズの一枚に、戸板二枚で囲い、庭で女性が行水している絵があるが、果たして引用文と同じことなのかは分からない。
やがて夕刻が迫る。さしも腹立たしかった夏の陽射しも衰え、心なしか風が吹く。

ゆうげと入浴がすめば、子供は花火。犬は煙硝のにおいに辟易して逃げる。大人は外の風にひかれて、つい縁台へあつまる。（一二四ページ）

夕食をすませ、風呂に入って、縁台で涼むのは、ささやかな生活の「うるみ」でもあった。縁台に集まる大人は、「夕涼みよくぞ男にうまれけり」の心情である。うちわを手にしばし縁台で涼む姿は、昭和三十年代ごろまでそれほど珍しくもない光景であった。

湿地の善人たち

川の近くに住むことは、いいことばかりではない。水はけの悪い湿った土地も多い。このような土地に住む人びとは、暮らし向きの不如意な人たちだ。湿地に住んだがための苦労も多い、たとえば、湿地であるということは風通しもよくないということで病気になるのだ。そのような一面について、文は次のように書く。

　　私は子供心にも、こゝに見逃すことのできない、ある強さがあることを感じさせ
　られた。（一二六ページ）

「ある強さ」とは、望まない境遇から止むをえず生まれてくる「強さ」ということである。はじめその「強さ」にふれた時、文は、「不快であり、おぢけもした」のであったが、そこから通ってくる友だちと仲良しになるにしたがい、さまざまな人たちの心情にみずからを開いていった。文は、「強さ」に読みを付していないが、わたしは、「したたかさ」と読みたい。

　零落してそこへ住まざるをえなくなったある夫婦がいた。夫のほうは結核で先に死んでしまい、男の子が二人いて、残された母子は、その日から暮らしに窮し、からだの丈夫でないおばさんは日傭取りに出ざるをえなくなった。日傭取りとは、肉体労働の雑役のことである。しかし、元々、肉体労働に向いてないからだのため、体力のギリギリまで働いて、ついに力尽き、なくなく実家へ帰る仕儀となった。なぜ、このような悪条件の湿地に、この日傭取りのおばさんが執着したのか、文は次のように考えた。

娘盛りの私には、——愛し愛された喜びを経験したものが死を中に挟むと、なぜこんなに切ない強さを持たなければゐられないのか、と哀しかつたのである。あのをばさんへの追憶がもとになつて私は、その低い湿つた土地に我慢して住んでゐる人たちが持つ強さと脆さを、ほんの少し知つたのだつた。(一三〇ページ)

幼いころにはけっして見えなかったものが、「娘盛りの私」には、よく見えたのである。それは、この地域に住む人びとへの共感となっていく。

こゝの夫対妻の関係はその当時の中流階級の常識から云ふと、際立つて妻の威勢がいゝのだつた。夫に一ツも敬語をつかはないで会話してゐる女房は、えらく活溌にも見え、またかなりはしたなくも見え、心惹かれた。(同前)

文がここに住む人びとへの共感に気づいたのは、結婚する前のことであった。ここで暮らす人びとのことを知り、その生活の深部へ分け入ろうとしたことは、文の文学にとってなんらかの幸運な方角を知らしめたものになった、とわたしは考えている。それはいわば、下層の人びとの実相を知っただけのことだけでなく、知識として知るというよりも、身をもって知るという立場を、知らず知らずのうちに自らのものとしていることである。それは女たちへの同情というよりも、力強い共感であった。

女たちはそれ〴〵に浮き世の風雪に曝《さら》され、悪条件の土地がらに鍛へられ、面倒くさいものをふりおとして、生まれつきの性格をむきだしにしてゐて、それが強さになつてゐた。単純に簡素にしてしまつた強さである。（一三一ページ）

女たちと似たような階層や境遇に生まれたならば、女たちの強さは当然のことと自覚するはずである。文はそうした生まれでなかったために、より強く女たちに共感したのである。人の出自は偶然によるものでしかないが、年少期にそれによって受ける影響は生涯にわたって変わらないものである。それが果たして、その人にとって心地いいものであるかどうかは、その人次第であろうけれど、わたしはそうしたことが苦にならない。文は、引用のようにいささか美化していると受けとられかねないが、文にとってそれが決していやなものでなかったことはよく分かる。ここの女たちの強さは、その夫たちにも影響を与えていた。

女房たちは各自の性格で鮮明に夫を彩《いろど》つてゐた。夫の影響下にゐる妻ばかりが多いなかに、妻の影響がたしかに夫の上に現はれてゐる夫婦がゐることは、この土地の住人の特徴のやうに考へられた。（一三一・一三二ページ）

この土地の住人たちの生活は、女たちの強さに導かれていたのである。夫唱婦随ではなく、婦唱夫随がその実質であった。それは彼らの生活上の知恵なのである。

明治になって人びとの暮らしのなかに、武家の道徳律がもちこまれ、ことに上層の市民の間では、それが特徴的になっていった。例えば、夫婦間については夫唱婦随であったことは、さまざまな資料から明らかなことであるが、庶民の間ではそうとはいかなかった。その理由として、夫婦協同によらないとその日の暮らしすら成り立たないという現実があった。文の出会った強い女たちは、その実相をいかんなく発揮していた。

むきみ屋の女房は自分が唐桟縞の半纏が似合ふときめてゐて、蛤取りの亭主にも唐桟縞を著せたがり、亭主は印半纏に股引が便利だといふのに、商売が済むと風呂にやられて唐桟に著換へさせられてしまふ。嫌ひだと云ふくせに、やはりいつとなく似合ふように、褄をぐつと引上げて著て、いゝ形だつた。したて内職のおよしさんのうちは、亭主が酒のみでもないのに女房がいける口なので、さし対ひで飲まされてゐる。それで機嫌がいゝのだし、ときには亭主がお燗番などをしてゐる。（一三二ページ）

ここに描かれているのは、貧しくともほほえましい姿である。実は、この引用の後にも、およそ一ページ半ほど、女たちと男たちの姿が鮮やかに描かれているが、実際には夫婦間にも近所の間にも、小さな諍いはあったはずであるが、それらを捨象してもなお、この湿地に住む人びとは気持ちよく生きていたのである。与えられた条件のなかで気持ちよく生きることの第一は、夫婦仲良く働くことである、ということを彼らはお題目のように唱えていたわけではない。そうせざるをえなかったからそうしただけのことなのである。

この湿地に暮らす男と女のことを〈地金〉とし、のちに傑作『流れる』を書くのはかなり先のことだが、文がストリーテラーではなく体験を軸に作品としていく根拠のひとつが、この湿地に暮らす人たちを知ったことだろう。

悪条件は無力のもとではなくて有力の基礎だし、その悪条件に曝されて、むだの

ない単純にたちかへつたものは、人を圧する力が具へられてゐるといふことなのである。（一三四ページ）

悪条件であろうとなかろうと、人はおかれた条件のなかで必死に生きるものである。そのためには、多少のきわどいこともやるだろうが、日々、そういうことがあったことも忘れたかのように生きていくのである。

文は、昭和二十六年（一九五一）十一月、「思うところあって」柳橋の芸者置屋に家政婦として翌年の一月まで住み込んで、のちに、『流れる』を書くことになる。そのわけは、たんに取材という建てつけではなく、身をもって経験するという手法をとったのは、生きるということの本当の姿は、知識をふやすことではなく、身に刻むことによって得られると考えたからだった、とわたしは考えている。

取材というは、被取材者と取材者が相互の了解のもとになされるものであり、被取材者は取材者の質問のすべてを必ずしも答えるわけではない。また、取材者は制限された時間内で、限られた質問をするわけで、その答えはおのずと制限されたものにならざるをえない。ひとつの作品をつくろうという場合、取材で事足りる場合がなくはないが、より真実に近いものをさぐろうとした場合、限界のある方法なのである。

ところで今までふれてきた「湿地」は、昭和三十四年（一九五九）に出版された単行本『駅』（中央公論社）のなかに入っているものだが、この一篇だけ異質なのである。ほかの多くは、他人から聞いた話であるのに対し、この「湿地」だけは自分の過去の経験をもとにしているからである。異質であるゆえに、名もない人びとの生き方が際立っている。

土地の恩

わたしたち都市生活者は、自然に囲まれていると思っている。いわゆる公園整備などの緑化施策のおかげで、大都市にも一定の緑があるからだが、この緑の多くは、いわばどこからかもってきた草木を植えかえたものである。あろうことか、最近の超近代的オフィスビルでは、室内に緑が植わっている例もある。ひとたびは、室外に追い出した緑を、その自然性をいくらか矯めて、エアコンの効いた室内へ持ち込んだ昨今の流行に、わたしはいささか鼻白む思いをしている。

これはまるで、本源的に自然を希求する人間への詭計的擬態ではないのか。ここには、人間が生きるについての大切な知恵の何かが欠落している、と思える。思想なんていう四角四面なものごしで何かを強いるものではなく、もっと根本的な、生きるうえでの知恵のようなものへの配慮の欠如と思える。

土地の恩、というものがわからないかと教えられたことがある。住んでいる土地が、なにかを教え、なにかを恵んでくれるのだという。そういわれれば気づく。貧しい所にいれば、貧しさとはどんなことかを知るし、魚をとる土地なら魚の恩恵にあずかり、大根を播く土地なら大根の育ちをおぼえる。（一四ページ）

文が教えられたのは、明治末か大正の初めのことだろう。そうだとすれば、教えた人は、明治初年の生まれにちがいないが、文の受けた教えは一体いつごろからのことだろうか？　わたしは、かなり古いものと思っている。ここには、成熟した庶民としての知恵がありはしないか。自分たちの土地（自然）を守ろうという意識が、長い時間をかけておのずと身についていった言葉である。

この文章は「川と山のにおい」と題された、文庫版にしてわずか三ページのものである。昭和四十三年（一九六八）発表のもので、初出誌不明とあるが、今となっては、それはどうでもいいことである。このわずかな分量の文章が残されたことが、とても貴重で、今日のわたしたちの身に沁みるのである。

「土地の恩」とはいうものの、そこに住んだ人間が自然とともにつくりあげた知恵である。そのためにはどのくらいの時間が必要だったのか、と問われてもとても答えられるものではない。とてつもない時間がなくては、そうしたことを感じられるものではないからだ。

おそらく、わたしたちの祖先は、「土地の恩」なる言葉を発するはるか以前から、意識することなく、つまり言葉にすることなく、それに応えていたと思われる。それがある時、その言葉を発しなくては、それまでの秩序が保てなくなったため、「土地の恩が分からないか」と、共同体の不文律としなければならなくなったものだろう。大げさにいえば、すでに社会は、何ごとかに向かって走り出していたのである。それを少しでも制するために、「土地の恩」という言葉を発して若い人びとに教えようとしたのである。

その言葉はどのくらい生き続けたのだろうか？　今では、そういう言葉があったということだけになっているだけだが、少なくとも「土地の恩」なる言葉のカタマリになるまでは、とてつもない時間を要しただろう。しかし、すべては烏有に帰しつつある。

土地の恩のおかげで私は、桜の葉のにおいを知っている。いまは跡形もなくなっているが、まえには花の名所として知られていた土地にうまれたからである。お菓子の桜もちのあのにおいなのだが、ああして塩で保存したものではなくて、根が生えて生きている木の、なまの葉っぱからじかに匂うにおいを知っているのだ。(一四ページ)

桜もちを食べれば、いつも最後の一口を口に入れると、桜葉のにおいはわずかに感じられる。しかし、実は、この引用文によれば、それが少しちがうらしいのだ。桜もちの葉にしたって、鼻をかなり近づけないと、におうものではないのは、だれでも気がつく。引用文では、「なまの葉っぱからじかに匂うにおい」といっても、桜の木の下に佇めば感じられるほどの強さなのだという。和菓子となった桜もちの葉は、塩漬けにされるため、どのくらいか不明だが本来のにおいが抜けている。ところが、引用のあとにつづく文章で、「桜もちの葉のようなあんなきつい匂いとは、比べものにならない上品な淡さで、だが生き生きしたにおい」であると書かれているし、ますます分からなくなるのは、「匂うのは若葉のうちの短い期間」だともいう。

今、東京の桜は染井吉野に席巻されているため、桜はにおわない、ということになっている。ところが、岩本素白は、明治の品川御殿山の桜は、濃い色と「むせかえるような香気」があったと記している。一体、この香気とはどんなものだったのか、はたして文の引用中のものと同じなのか、そうでないかは分からないが、「若葉のうちの短い期間」だとすれば、ちがうものかもしれない。これは、実際に、におうといわれている桜の下で試さなければ分からないのだろう。

佇めば定めがたくうすれる匂いだが、行けばしかと籠めて匂っている枝の下もある。知らぬ人が多い葉ざくらの匂いである。話しても怪訝《けげん》な面持ちをされるのは寂しいが、若い日の嗅覚が敏感なうちに、この匂いを知ったのはありがたい。まったく、そこに住んだからこそである。（一五ページ）

「知らぬ人が多い」と、文は嘆くが、自分の住む土地に桜がなければ、それはしかたのないことだろう。今日のわたしたちは、華やかな桜の花にばかり目を注ぎがちだが、「しかと籠めて匂っている」こととすっかり無縁となっている。桜の精からすれば、いささか不本意ではないかと恨んでいるやもしれない。今では、ほとんどの人はこの部類に入ってしまうので、かつてのささやかな記憶は、やがて文献のなかでひそかに生きつづけるしかなくなる。次の文章は、その典型ともいえるエピソードだろう。

私の父は釣がすきで、時によると二日も三日も川の上にいる。船頭と一緒に船へ泊まるのだが、日の出とともに醒《さ》めてこべりから川水で顔を洗おうとすれば、水面ひくくに野バラの匂いが漂っていて、これこそ釣師に贈られた天の恵みだ、と話したことがある。利根川のどこかにもやった時の話である。野バラは甘くにおう。（一五ページ）

野バラとは、あるかなしかの小さな花である。雑草とはいえないだろうし、さりとて園芸店の売物になるほど派手やかでもない。注意してみないと、だれも振り向いてくれないかもしれないほどささやかに、野に咲いている。その花が、川べりに咲いていて、水にふれて、わずかに甘くにおうことがあったのである。露伴が「天の恵み」というように、この世のあらゆる欲望をたばねても、この願いはかなうものではないたぐいのことがここでは語られている。もとより、世間知から離れれば離れるほど、こうした願いはそれほど無理なことではなくなるはずだ。

地がねと地しばり

文は『ふるさと隅田川』に、自分の生まれ育ちについて「地がね」という文章を残しているが、若いころは気がつかない〈地がね〉について、年とともに考えてしまうという内容である。

「自分はやはり町の人じゃない、真底は農村なのだという気がする」（一九ページ）と書く。生まれて、育つうちに身につく考えや行動のもといに農村のその〈地がね〉があるというのだ。この〈地がね〉は、折りにふれて出てくるものであるし、文の文筆の発想の元となっているといってもいい。

ある農村出身で東京に暮らす寡婦と行動をともにしたとき、次のように気づいた。一緒に歩いていると、その女性の土に対する執着心がよく分かった。その女性は、一緒に旅をしていても、「温泉も観光も二の次で、ただもう通りすぎる土地の、土の瘦せかた肥えかた、水の有無、東西の向き、そんなことばかりに目をむけて」いるという。いままでは、土と離れて生活している彼女にとって、そんな思いをするのは、楽しいことだろうが、冷静になってその身の上を考えれば切ないことだ。

その女性は、まちのなかの工事現場の土を見れば、たちどころに反応してしまう。「吸いつくような手応えのある、重い土だ」「湿った色をしているから、握れば手の平がこう、気持ちよくひやつこい筈だ」とかなり具体的にいいたくなるほど、土への渇仰が激しい。

本当の農業人は、じかに土と組んでいる、といつた間柄にみえる。これは格別な強さである。感覚的に感動的に、粘こい感情で強いのである。そしてその強さに圧倒され切なくなるのは、私の農村生まれの地金が、そういう反応をするのだとおもう。（二九・二〇ページ）

文の〈地がね〉は、農村に生まれついたというものいいであって、農業人のそれとしてのニュアンスほどはない。それでも、この寡婦の土に対する渇仰が切なく思えるのである。そして、「土地の恩」を知ることができたのも、この〈地がね〉があったればこそのことである。文は、さらりとしかいってないので、読者としてのわたしたちはその本当のところに思いが至らないでいる。

引用文全体の趣旨は、農村で生まれたことからつくられた文の思考の出所の一端を〈地がね〉という言葉で説明したものだが、その後、それを文筆の種として売り物にはしなかった。文章で生きるうえで、それほど浅ましくなかった、とわたしは勝手に考えている。〈地がね〉という思いは、自分一人の所行として胸にしまっておけばいいのだ、といった気持ちなのだろう。

本書後半では、〈地がね〉と似たような発想で、文がおそらく子どもから少し成長してからおとなたちに教わった〈地しばり〉という言葉について書いている。

父は私に、自然の楽しさについては、〝誘いかけ、呼びかけ〟てくれたのであり、自然の手ごわさについては、〝荒い声で教え〟たようである。（一八七ページ）

自然の手ごわさを教えられたことを〈地しばり〉という言葉で思い出した時のエッセーの一節である。〈地しばり〉とは、地をはう雑草のことで、丈はほとんどないが、地面をおおってしまうほどの力強さにあふれている。文は、子どものころ、この地しばりの恐ろしさを父に教えられ、また、それに付随して、近くにいたおとなに自然の恐ろしさを教えられた、と書く。

けれどもまた、もう少しひろげて思い合わせると、父ばかりではなくて、この時代の大人の何人かは、やはり私に自然の手ごわさを、まるで覚えこませたいかのように、きつい調子で教えている。たとえば、船頭さんが川の流れの、うねりの恐ろしい力を、たとえば、植木屋さんが暴風雨の風の力を、といったぐあいである。（同前）

おとなが折々に教える、いわば生きていくうえでの、今日風にいえば防災上の知恵は、おとなたちが身をもってたくわえたものである。これも前項に記した〈土地の恩〉の一種だろう。土地、すなわち自然は、恵みばかりではなく、自らの論理に従って牙をむくことがある。かならずしもいいことばかりではない、とおとなたちはたくわえた知恵をこのように教えたのである。

最後の東京人が見た東京――安藤鶴夫

安藤鶴夫（一九〇八〜六九）は、通称、安鶴さんといわれて親しまれた作家だった。落語や落語家、東京の下町についての小説、エッセイを多く手がけ、ことに、今ではだれもやらなくなった「ラジオエッセイ」の名手として知られていた。「ラジオエッセイ」とは、通常、作家の文章をナレーターが読み上げていくものだが、安鶴さんの場合、ご本人が自作を読んだもので、そのことによって評判を呼んだ。ひところ、「ラジオエッセイ」といえば安鶴さんを指したほどだった。

安鶴さんのラジオエッセイ第一回は、昭和三十八年（一九六三）二月六日「志ん生復活」（ニッポン放送）であった。このころすでにテレビの放送が始まって十年がたち、テレビ時代といわれていたが、その後、昭和四十四年（一九六九）九月まで十九回ほど続いた。安鶴さんが、ラジオにある種のこだわりを示したのは、そのころの画像では伝えられない音あるいは音声への、なみなみならぬ執着があったからだろう。

ところでいまや安鶴さんの書いたものは、書店では手に入らなくなってしまった。そのため、単行本は古書店でやや高値で売られている。この現実は、何を物語るかといえば、一時代を画した作家が忘れられようとしているのかもしれない。

「自恃と誇り」の喪失

安鶴さんが活躍したのは、昭和三十年代から四十年代初めにかけてのことだったが、そのころはもうすでに彼の愛惜してやまなかったかつての「東京」と「東京人」は見かけることがまれになっていた。だからこそ、彼はそれを書きつづけたのであるが、「東京」と「東京人」の何を愛していたのであろうか。

残されたいくつかの作品を読むと、分を弁えて暮らしていくことの清々しさのようなものに共感していたことが分かる。「分を弁えて暮らす」とは、どういうことか問われても、いまではなかなか答えを見つけにくいが、「おのれを知って暮らす」ということになるだろう。それを今日の目から、貧しさに安住していたなどと解釈するのは、野暮のきわみである。「分を弁えて暮らす」とは、この場合、自らの仕事と生き方に「自恃と誇り」をもっていたことであった。

仕事をもっていた多くの人、なかんずく職人は小僧のころからそういうことを身につけてきたのである。例えば、『わたしの東京』（求龍堂、昭和四十三年＝一九六八年）というエッセー集の巻頭に出てくる「はるあき」という文章などは、「自恃と誇り」というもののありようを彷彿とさせるものである。「はるあき」という文章は、もの売りの売り声について語ったもので、「町町の時計になれや小商人」という川柳のことを、ある実感をこめて書いている。

たとえば、鋏、包丁、髪すりとぎ……、という声を聞くと、あ、研屋《とぎや》のおじさんが通ったから、そろそろ、職人たちに、おやつを出さなくては、とか、あの羅宇屋《らをや》さんがきたから、そろそろ、夕方の、食事の仕度にかからなくては、とか、そんなことをいった句のようだ。わたしは、この、小商人ということばも好きで、その小商人ということばの連想だけでも、それが、すぐ、紺がすりの、筒ッぽのきものを着ていた、そんな、大正のはじめの、けしきを、すぐに、思い出すのである。(一五ページ)

この売り声の主の「小商人」は、店をもっていたにしても、裏だなの自宅をかねた小さな店であったろう。いずれも、日々の稼ぎとて多寡がしれたもので、「町町の時計」になるほど、雨の日も風の日も、ねばり強く小商いをしなくては、生活が成り立たなかったのである。必死になってお得意をつくっていこうという気構えがなかったら、その日から暮らしが立ち行かなくなるのである。

かつて、こうした売り声をかけて歩いていた小商人は、毎日であったり、一日おき、二、三日おき、あるいは週一回とか、比較的短いサイクルでまちまちを回っていた。いずれも天秤棒をかついだり、あるいは自転車の荷台に載せたり、それともリアカーをひいて商いをしていた。したがって、商品の数と量もおのずと知れたものであった。

まちまちからこうした売り声が消えたということは、彼らが日々の商いで示していた「自恃と誇り」が薄弱になってしまったのではないかと思える。堅苦しくいえば、労働の質が変わったばかりではなく、その売り声に応えて、彼らの生活を支えていた人がいなくなったということなのだろう。

売り声のあったまち

「冒頭にのべたラジオエッセイの十六回目」で安鶴さんは、「昔・東京の町の売り声」という放送をしている（昭和四十二年＝一九六七年八月二十日）。売り声を実演していたのは、渡辺晏孝という人だとでているが、くわしいことは分からない。

以下の売り声の引用は、ラジオ放送を活字にした『昔・東京の町の売り声』（旺文社文庫、昭和五十三年＝一九七八年）からのものである。この放送のころには、実際の商人はすでになく、売り声を芸とする芸人が実演をしていたのである。いまでは、そうした芸人もおらず、落語のなかで辛うじて生き残っている。

ええ　らおやアー　すげかえ
ええ　らおのスゲカエ

これは羅宇屋さんのもの。羅宇屋さんとは、きせるの吹い口と先端の火皿をつなぐ竹を取り替える商売で、きせるのなくなった今では、見なくなった商売である。きせるは、使っているうちに竹の部分にヤニがたまってしまうので、ときおりこよりで掃除するか、それでもダメなら交換しなくてはならなかったため商売となったものである。昭和二十年代後半、わたしはときおり自転車の荷台に小さな箪笥のようなものを載せて、売り声をあげながら、水蒸気音を立てて商売をしていたのを町内で見かけたことがある。

かなり前、上野の不忍池で見かけたことがあるが、今はどうしているのだろうか。まちなかを流しているときは、たしか低い声で、ゆっくり自転車を押していたように記憶している。成瀬巳喜男の映画「あらくれ」（昭和三十二年＝一九五七年）の冒頭付近に羅宇屋さんが出てくる。次は、浅蜊売りである。

あさアリ　むきみよー
あさアリ　からさアリ
あさり　はまぐりよー
あさり　しじめよ……

この浅蜊売りについて、安鶴さんは、「朝、あさりやの声がきこえてくると、ああ、そろそろ、春がくるな、と思った」と書いているが、売り声は、季節をのせていたのである。ところが、浅蜊売りは朝の早い時間の、せいぜい二時間ぐらいが商売どきであった。季節を告げる売り声のもうひとつが、いわし売りであった。

あーら　いわしこい！
あーら　いわしこい！

安鶴さんによると、「勢いよく、いなせに、生き生きとした売り声」であったという。

この声を聞くと、もう秋である。
季節は前後したが、夏になくてはならないのが金魚売りだろう。

金魚ォー　金魚ォ金魚
メダカ　ヒメダカ　金魚ォ金魚ォ金魚ォ

金魚売りは、今ではテレビのなかでときおり時代背景を物語る点景として放映されるが、真夏の陽盛りのなかを「日かげをよって、肩にかついだ天秤棒を、あんまり動かさないように、大事に、大事にして、できるだけ、金魚の入っている桶がゆれないように、ゆっくりと、静かに、歩いていく」のであるが、それがとても難しくて、年期のいることだった。その声の調子はあくまでものんびりとしたもので、眠気をさそうものといってよかった。
売り声は、よく路地のなかまで入ってきて、人びとの暮らしにじゃまにならず、そうかといって用のある人には必ず聞こえたものであった。売り声は、朝や昼間ばかりではなかった。夜になると、やってきたのが、稲荷寿司だった。

おいなアーりさアーん
おいなアーりさアーん

安鶴さんは、「澄んで、つめたく、さみしかった」とその売り声の感想をもらしているが、そういうものもあったのかもしれない。わたしは一度、晩年の三木のり平さんが、ラジオでこの真似をやったのを聞いたことがある。最後の「ん」の調子を上げるもので、その調子のよさは、一度聞いたら忘れられないものであった。売り声は、まちまちで少しずつちがいをみせながら、ひとたび耳にするとしっかりと余韻が残り、忘れられないものになったのである。最後にひとつ。

朝顔の苗に　夕顔の苗《ナイ》
かぼちゃ　冬瓜《とうがん》　白瓜《しろうり》の苗

この売り声は、「夕顔の苗」の苗を「ない」とよんだという。安鶴さんによると、ゆったりとしたいい声だった、という。ところで平成十五年（二〇〇三）、岩波書店から『江戸売り声百景』（宮田章司著）という小さな本が出た。宮田章司という人は、和風漫談家として高座で活躍中と同書にあった。

裏通りの人びと

わたしたちは、いつのころからか、表通りを歩く一部の人びとばかりに目をやるようになってしまったのだろうか。そんなことは、昔からあったことだ、といわれれば返す言葉はない。しかし、いつのころからか、それは加速度的に強まったように思う。安鶴さんの文章を読むと、しきりにそういうことを考える。

裏通りには、「人情」という、きわめて湿感のある、社会科学で説明のしにくい言葉が生きた内容として、安鶴さんの文章のなかには息づいている。例えば、次のような文章は、そうだろう。

> 誰も、声なんかかけない相撲なので、まわりの客がへんな顔をして、わたしたち親子をみたが、そんなことは構わず、おやじも、わたしも、一生けんめいに声をかけた。千秋楽の日には、そのお相撲さんがうちへ挨拶にきて、すんませんといった。(中略)そして千秋楽の晩には、暗いあかりをともして、二、三人、間抜けな手拍子を打ちながら、相撲甚句なんかをうたうのが、路地をひとつへだててきこえてき

た。(中略) わたしはそんな中で、ふと、読みかけの本をとじたりして、なんだか世の中っておもしろくって、かなしいなと思ったりした。(三五ページ)

この文章は、「東京のまつり」というエッセイのなかの一節である。近所に住んでいた、強くもなく、したがって人気もなかった力士の話である。この力士が、果して関取になったのか、それともそこまでいかず終わったのか、それは定かでない。いずれにしても、歴史に名を残した名力士ではない。ごくささやかな範囲のなかで知られていても、そのうちだれにも知られずにやめていった力士だったかもしれない。いわば、多くの庶民がそうであるように、名もなく生まれ、そして、名もなく死んでいった一人なのだろう。

世間には、本人の努力だけではままならないことが、多々ある。ことに勝負の世界となると、なおさらのことで、安鶴少年は、幼くしてそうしたことを知ってしまったのである。安鶴親子は、身びいきに駆られて応援しただけではなかった。

そして、場所が終わると、力士たちの歌う調子のはずれた相撲甚句が流れてくる路地には、「世の中っておもしろくって、かなしいな」と思わせる悲哀が漂っていた。相撲甚句そのものが、どこからうらぶれた哀調のあるものだけに、それはなおさらのことだったにちがいない。生きていることの哀切さが伝わってきて、「人情」とは、おそらく、そうした後ろ向きなことのなかにあるものなのだろう。

日々の生活のしきたり

わたしは思わず、「しきたり」と書いたが、しきたりとは実に曖昧なものである。強制力と感じる人には、かなりウットウしくなるかもしれず、あるいは、その意義や意味を認めない人にとっては、ないに等しい。しかも、その内容が時代とともに変化し、中身が改変されたりしてしまうものである。『わたしの東京』には、今ではほとんど失われてしまったしきたりの描写がいくつも出てくる。たとえば、縁日や寄席に行くときの服装についてである。

よそゆき、というほどのことではないが、縁日へいく、などというと、母親は、すぐ、着るものを、着かえさせた。
両手を、左右にひろげて、母親に、着物を着せてもらい、帯を結んでもらった。
寄席へ連れていかれるような時でも、ちょいと、おしぼりで、顔を、ぶるンと拭いてもらって、それから、よそゆきと、ふだんの、そのあいのこぐらいの着物を着かえさせられた。縁日へいくのにも、そうだった。(中略)

そのことが、寄席へいく、縁日へいく、ということを、一層、たのしくしたことにもなったようだ。そして母親は、ちょいと、羽織ぐらいを着かえるのである。そんな、さりげないことの中に、東京の下町びとの、折り目、切れ目のようなものがあったような気がする。(二三・二四ページ)

この引用の要点は、かつてはふだんの生活のなかで積極的に「折り目、切れ目」を私たちはつくっていた、という事実である。そして、「よそゆきと、ふだんの、そのあいのこ」のゾーンを設けて、みごとにそれに対応する姿勢ができていたという生活文化的、というのも仰仰しいが、そんなたたずまいの背景があったということである。

ふだんの生活のなかで「折り目、切れ目」をつくっていったということは、ケからハレへの転換という大げさなものではない。「ハレとケ」という現象が、神事の存在を前提としていたことはよく知られていたことだが、近代の生活のなかで、その中間的な存在がいくつもあり、家いえではそのためのしきたりをつくっていったということは、どのような意味があったのであろうか。

わたしは、近代のなかで人びとの生活が「神事」から乖離していった結果、ハレの形骸化が進行し、中間的存在が家いえそれぞれに生まれていったのだろう、と思っている。

庶民が生活のなかで「折り目、切れ目」をつくることによって、日々の生活のなかで若干の変化をもたらしていくことを願ったということでもあるだろう。そうすることによって、何がしかの生活のアクセントにしようとしたのである。

わたしたちは、そのことを誰に教えてもらったのだろう。おそらく父母の日々の生活のなかとかで、自然と身につけていったのだろう。「折り目、切れ目」が服装によって表現されると、「寄席へいく、縁日へいく、ということを、一層、たのしくしたことにもなった」という効果になっていった。こういうことをわたしたちは、少しおおげさに、しきたり、といっていたのだろう。

しきたりは、祭の日に一層際立つ。

町中《まちじゅう》、いつもより掃除がいきとどいて、事実、畳屋さんの店なんかが、紅白の幔幕をめぐらして、金屏風を立てると、金色さんらんたる獅子頭を飾って、前に青竹をめぐらして、一面に銀砂が敷いてある。そこに子供神輿《みこし》がおいてあって、青竹のかこいの外に、車にのせた大太鼓がある。朝から、こどもが叩いている。（三一ページ）

この情景は、安鶴さんが氏子であった浅草の鳥越神社の祭礼のときのことで、時代は大正年間のことと推定される。この情景から分かることは、「掃除がいきとどいて」いることであり、祭り好きを先頭に町中がいそいそと、うきうきとあるいはそわそわとしながら働いていたということである。それは今日のように一部の祭り好きが、祭りのために働いているのではなく、町中がこぞってという気運が感じられるということである。

おそらくこの情景は、当時の東京のまちの祭りの日のどこにでもあった姿なのだろう。ことに浅草とか日本橋とかの江戸以来の古いまちでは、しきたりとしてさまざまなことがあり、祭りとなれば町内はひとつになった。祭りを祝うという感触は、昨今のように御輿を担ぐことが焦点であったわけではない。ゆるやかな町内自治ということを前提にしてさまざまなことが成り立っていた。町内自治とはいえ、近代における自治というよりも、町内の紐帯（相互扶助）を堅固にするためのものであっただろう。

町のしきたり、とはだれもが納得するものでなくてはならない。その気になればだれでもが守れる、行いうるというものであり、人びとの記憶のなかに無理なくとどめおかれるものであったにちがいない。

安鶴さんは、当時の祭りを思い出して、こう付け加えた。

その時分は、東京も、さわやかな初夏で、少し、急いで歩いたりすると、耳もとで、風の音がしたりする。（五七ページ）

「風の音」とはいえ、さほど強いものではなく、人びとの耳のあたりを小走りに縫っていくようなそんな風である。香りがあるとすれば、柑橘系の鋭いものではなく、あるかなしかの草花の香りであるかもしれない。

正月の華やぎ

正月はまた、たのしいしきたりの多い季節であった。ことに子どもたちにとってはそうであった。そして、数々のしきたりが十分に生きていた時代があった。

ほんとうに、東京らしい歳末は、もしかすると、やっぱり、大正十二年の、関東の大震災以前までだったのではあるまいか。その時分は、まだ、初正月を迎える男の子には、破魔弓を贈ったり、それから、やっぱり、はじめての正月を迎える女の子には、羽子板を贈るというような習慣が、東京にはあった。（一八一ページ）

この引用のようにかつては破魔弓や羽子板を贈ったりするのもしきたりであったが、ごく一部を除いて現在ではほとんど行われなくなった。引用文の「東京らしい歳末は、もしかすると、やっぱり、大正十二年の、関東の大震災以前までだった」という感慨は、安鶴さんが身をもって感じていたことである。それもそのはずで、明治四十一年（一九〇八）生まれの安鶴さんにとって、自らの子ども時代はこのとき以外経験していないのだから、おのずと理想形として記憶にとどめられた。

関東大震災（一九二三年）が、東京と東京人の生活と文化にとってそれ以前と以後を分ける分水嶺となったことはよく知られていることである。なぜそうしたことが起こりえたのかというと、それらを形づくるおもな要素である社会的生活文化基盤が根底から覆された、ということである。

震災以前まで、都心を除いて、都内の旧区部のあちこちに、江戸のまち並みが生きていたし、幕末の江戸を知る古老たちも生きていたことを考えれば、東京市民の生活という古層には、彼らの築いた牢乎とした江戸の生活文化の名残が生きていたのである。それはまち並みとともに生きており、いろいろなしきたりもまた生きていたのである。

関東大震災は、社会的生活文化基盤であるまち並みを一挙に壊滅させたばかりではなく、その花である生活文化も記憶から消失させたのである。

安鶴さんはその江戸の名残について、書いた。

歳季候《せきぞろ》がやってくると、江戸のひとたちは、とうとう、十二月がきたな、と思う。歳季候というのは、紙の頭巾《ずきん》をあたまからすっぽりかぶって、墨で描いた松竹梅なんかの絵の、これも紙でつくった前垂れをしたかっこで、〈せきぞろ目出《めで》たい目出たい〉と、大きい声ではやしながら、町町を歩く乞食である。

目出たい、といわれるのを、知らん面していると、目出たいことに、そっぽを向いていることになって、そういうひとのところには、目出たいことはやってこない、というふうに、江戸のひとたちは、そう思ったとみえる。（一七五ページ）

この引用文は、同書中の「歳末、江戸と東京」というエッセイの冒頭の部分である。「歳季候」とは、引用文にもあるように、江戸の門附のひとつで、毎年十二月中旬から引用のような風体をし、来る年を寿ぐ祝詞を米銭をねだりながら歩いたという。古い時代には、裏白をつけた笠をかぶり、赤い覆面をし、三、四人がグループになり、四つ竹などではやしながら「せきぞろ、ほうほう……」と唱えながら米銭を請いながら歩いた、という。かなり古くからの門附だが、安鶴さんは歳季候に対して何らかの喜捨をほどこすという行為が自然になされていた、ということが江戸人の心意気を表すものとして称揚したかったのである。

　もちろん、心意気を表さなくても年は越せるわけだが、江戸人はホンのわずかの心付けをして翌年の「幸」を求め、かたや門附に何がしかの米か銭を贈って彼らの生活の足しにするという側面に寄与してきた。江戸のまちにはこのような門附芸人が、季節の折りごとに訪れ、神の代理人として祝いのことばをのべて歩いていたのだろう。今日ではまったくその姿を想像できないが、戦後の昭和二十年代おそく、正月に三河萬歳のようなものがわたしのまちにもやってきたのをうっすらと覚えている。それが本物であったのか、はたまた幻の姿であったのか、いまとなっては確かめようがないが、あれはわたしが見た最後の門附であったのかもしれない。

　やがて、十二月も中旬になると煤掃きが訪れる。


　十二月には、煤掃《すすは》きの、煤竹を売る声がきこえる。それから、荒神さまの、絵馬を売りにくる。江戸のひとは、煤掃きのための、煤竹を買うだけではなく、きれいに煤掃きのすんだあと、台所にまつってある荒神さまに、あたらしい絵馬を置くことを忘れない。このことに感心する。（一七六ページ）

昨今では、煤そのものが分からないだろう。煤とは、薪とか藁を燃やしたときに出るもので、かつての台所は薪・藁を燃料としていたので、煤をそのままにしておくと台所を中心としてその周辺に煤がうっすらたまって黒くなってくる。煤掃きは年に一回、煤竹で天井や壁についた煤を払う行事である。もう今では、かなりの田舎へ行っても、煤でまっくろになった家と出会うこともなくなったが、ガスのない時代は、一日中、薪か藁による火が使われていたので煤掃きは必要な行事であった。煤竹は、竹の先の笹だけを残してあるもので、それをもって煤のたまっている所を払うと床に煤が落ちてくるが、それをしないと家中がまっくろになってくるのだ。

煤掃きは、江戸いらいの行事だが、江戸市中ではすでにその竹が植わってなくて、それを買っていたことがこれで分かる。金額はたいしたものではないが、この行事は季節の伝達者として江戸市民のなかで受け入れられていた。

近代の生活は荒神様を駆逐してしまったので、その何たるかがさっぱり分からないが、荒神様はかまどの神様である。火をおこすことが大変であった時代の名残であるだろうが、火のありがたみが忘れられると同時に、荒神様は忘れられていった。絵馬がかざられるのは、荒神様への謝意のためである。

煤掃きは、土間で煮炊きをしていた時代にはそのリアリティがあったが、土間から床に上って台所やキッチンといわれるようになると、もはやその存在理由すらなくなって、年末の大掃除へと移っていった。

江戸のひとは二十日《はつか》から、歳暮の挨拶にまわった。いまのように、十二月になった途端に、デパートから石鹸だの、タオルだのという、うんざりするような形式だけで、心のこもらない歳暮を送ってこさせるといったふうな、そんな、心ないことはしなかった。（一七七ページ）

この引用について、あまりこだわりたくないが、江戸人は、暮れになると、いちいち挨拶に回ったということを大事にしたい。その折りに、ちょっとした手土産を持っていった。後にそこだけが自立して今日のようになったのだろうが、やはり大切だったのはいちいち挨拶していたということだ。挨拶に回ったといっても、同じ町内か少し足を延ばした程度であったから、挨拶に行くほうにも、受けるほうにもさほど負担ではなかったという背景は忘れてはならないだろう。一日で、あるいは半日で終わるぐらいだったろう。

安鶴さんのこの引用には、そうした背景がぬけていて、現代人にとっては少しからい評価となっている。いずれにしても、当時の東京人は、そういうことを少しも億劫とすら思わなかった。生活するうえでのしきたりは、お互いさまと思っていたからだ。

東京最後の下町＝佃

佃の渡しは、昭和三十九年（一九六四）八月二十七日をもって廃止された。渡しの代わりに都民は、新設なった佃大橋を使って行き来することになった。

今では、東京に渡しがあったことすら都民の記憶から脱落しているが、佃の渡しは東京の名物のひとつであった。わたしは、昭和二十年代の終わりごろか三十年代の初めのいずれかに、おじさんに連れられて佃の渡しに乗ったことがある。おじさんの連れ合いの弟がいるということで、国電有楽町駅前から佃の渡しまで歩いていった。

渡船に乗ると、陽をおおう布製のテントがかけてあり、一瞬、視野がせばめられ、座ったと思う間もなく対岸の佃に着いた。所要時間は一分あるかないかではなかったかと思うほど、あっけなく渡しの旅は終わった。料金は無料であった。

安鶴さんは、佃の渡しが消える寸前の八月、ラジオの仕事で佃島を訪れた。その文章が「佃島」として同書に収められている。佃は、安鶴さんを喜ばせた。

佃には、いまでも、そんなお神さんが、格子戸を拭いていたりして、佃を歩いていると、わたしは、わたしのこどもの頃の、東京の町を歩いているような気がして、いつの間にか、こめかみがゆるみ、いつでも、たいへん、ごきげんになった。

家のつくり、並び方、その、家と家の間の、細い路地の曲りぐあい、そして、佃に住んでいるひとたちの顔さえ、もう、すっかりなくなってしまった昔の、東京の、下町びとの顔なのである。(二七八ページ)

安鶴さんは、この取材の以前にも家族を連れて佃を訪れていた。安鶴さんが「佃は、安政の地震に助かって、大正の大震災、それから、こんどの戦争にも無事に残った」と同書にも書いたように、そしてまた、引用のように「わたしのこどもの頃の、東京の町を歩いているような気」がする雰囲気が取材したころまで残っていたのであった。そのシンボルのひとつが佃の渡しでもあった。

その佃の渡しがいよいよ廃止されるのである。新しい橋によって、渡しの及ばないほどの交通量となることは目に見えていたし、ときあたかもその年の十月には、東京オリンピックが開催されることになっており、東京が大きく変わりつつあった。むろん佃も例外ではなく、明治・大正のころの雰囲気をもつまちもやがて消えていく運命にあった。

引用の「お神さん」は、取材の当時も佃以外では少なくなっていたろうし、最近ではどこにいるのかも分からないほどのキャラクターの人であるので、なかなか説明しにくいが、わたしにも、「そう、いえば」といえるような人がいたようにも思える。一言でいえば、その当時、どこにでもいた、世話好きで、隣近所も身内のようにいつも思っているような人であった、といえばいいのかもしれない。

そういうお神さんがいなくなったのは、なぜだろうか。ご近所の付き合い、というものが丸きり変わってしまい、表面的になってしまったことによるのだろう。いわば、さわらぬ神に何とかで、必要最低限の付き合いでしかお互いが行き来しなくなってしまったからであろう。なぜそうなったのか、ということだが、時代が変わった、といえばそれまでである。

考えられることのひとつは、町内で仕事をし生計をたてている人がかつては多かったからではないかとわたしは考えている。そんな人びとはまったくの少数派となり、勤め人ばかりになれば、地域との付き合いはおのずと薄くなる。地域社会よりも会社社会のほうが重きをなすのは、いわば当たり前といえば当たり前だ。平成六年（一九九四）、『佃に渡しがあった』（岩波書店）という写真を中心とした本が出ているが、このなかに次のような引用の発言がある。

私は（昭和）十七年の生まれだけれど、渡しに乗って高校いったくらいで東大に入ったような感じよ。（中略）大体、漁師が三割、仲買六割、あとが佃煮屋さんや酒屋さんで、革靴はいたサラリーマンなんていやしないんだから。

この発言の時期は、渡しのあったころの話で、安鶴さんのいう、「わたしのこどもの頃の、東京の町を歩いているような気」がしてきたころだとしたら、なるほどとうなづけるだろう。

いわば、佃の渡しが、古い東京の下町の風情を残していたのだが、その渡しがなくなれば、ほかのまちと同じになるのは時間の問題であった。安鶴さんは、その最後のときに居合わせたのである。

佃島の明治の老人

このとき安鶴さんは、かつて漁師だったという老人と会った。その老人は、「明治の、東京の、下町ッ子のにおいがぷんぷんする」人であった。

その老人は、孫を戦争で失い、そのときは一人で暮らしていた。

大きな長火鉢を前にして、格子の外をみながら「なんにもみえなくなっちまったい」と、いった。

いままでは、その長火鉢のところに坐って、川がみえ、夕方なんか、勝鬨橋に灯がともって、夕焼けの空を背景に、あかりをつけた電車や自動車がゆきかう。ちょっと、そこから右の方には、東京タワーもみえて、そんな時、東京湾から、にぶく、低い汽笛の聞こえてくるのが、たまらなく、かなしく、好きだったという。（二八九・二九〇ページ）

そのとき、老人にはもはや仕事もなく、うつ然と日々を過ごし、彼の唯一の楽しみであった夕刻になると聞こえてくる東京湾の低い汽笛も、聞こえにくくなっていた。老人の心情は、「なんにもみえなくなっちまったい」という慨嘆につきる。この老人の一言について、安鶴さんはいう。

しわがれて、さびのある、ぞんざいな東京ことばで、そんなふうに話されると、わたしには、東京という都会の感傷が、うずくように、よく、わかった。（二九〇ページ）

老人の慨嘆は、彼一人だけのものではなく、古い東京人のそれでもあった。ぞんざいであればあるほど、安鶴さんにはこたえたのである。かくして古い東京が消滅していくことについて、むろん抗うなどはかないことで、時代の流れとあきらめるのもそれはひとつの生き方であるだろう。だがかつて、そのような東京と東京人がいたことは記憶にとどめられなければならないと思う。

老人にとって、東京は江戸であった。

「ああ、夜中に、よく、よばれちゃァ、江戸へ迎いにいったよ」

といった。佃では、ついちかごろまで、向う河岸を、江戸といっていたそうだ。

そして「雪の降る晩なんざァ、つらかったねえ」と、いわれて、わたしはまた、落語の〈夢金〉を思い出した。（二九一ページ）

この回想の時代は果たしていつごろのものかはっきりしないが、佃の渡しの経営は、昭和二年（一九二七）に東京市に移っているので、それ以前のことではないかと思われる。東京市に移管されると、スチームエンジンの曳船三隻と二十四人掛け客船二隻が朝の六時から夜の十時まで、年中無休・無料で運行されていたからである。

移管時、まだ勝鬨橋はできていない。勝鬨橋ができるのは昭和十五年（一九四〇）のことであるから、移管前の渡しに乗り遅れるとかなりの距離を歩いて迂回しなくてはならない。かなり遠回りをするというと、永代橋を渡り、越中島の相生橋を渡る以外、佃に帰る方法はなかった。まだ勝鬨橋のない佃にとって、対岸はまさに江戸であったほど孤立していた。そこで、運航時間が過ぎると、引用のように銀座側からの呼びかけに、佃の船頭さんが応えて客を迎えにいったのである。

佃の渡しの廃止は、佃が東京に併呑されたということである。先にふれた『佃に渡しがあった』という本の写真は、昭和三十四年（一九五九）から十五年かけて尾崎一郎さんによって撮影されたものであるが、孤立していた佃の名残りが多く残っている。

写真のなかの佃は、一言でいえば、「長屋と井戸の町内」である。東京から長屋がほとんど消え失せてしまったので、どういうものか知る人も少なくなってしまい、実感としてそれを伝える手だてても見つけにくい。

写真でもわかるように長屋の夏は暑かった。路地の幅も一メートルあるかないかで、家のなかに風が入ることはめったにない。だから夏の夜、人びとは、縁台を出して外にたむろするのである。

それに井戸である。佃には、明治後半には水道が引かれていたとはいえ、漁師や魚売りが多く、水を大量に使うため井戸は日常のものだった。井戸といっても、各戸にある場合もあったが、長屋の場合、十数軒に一つというのが標準であった。生活のための水は、井戸で大きなバケツに汲み、何杯かそれを家のなかの大きな瓶に移し替えて使った。

佃にも昭和三十年代まで井戸が現役だったのは、こんなに海に近いところでも日常の用に足る地下水が走っていたということなのだ。

水道は近代の衛生思想とともにやってきて、たちまちのうちに井戸を駆逐するのみならず、工業用水の急激な需要によって地下水をも枯らしていった。

そのあげくにわれわれは水道用水を飲むという環境にある。高価な浄水器が手放せなくなったのは、つい最近のことである。水道は、伝染病のもとを絶ったかもしれないが、すべてを解決したわけではなかった。

その後、佃は、ウォーターフロント＝都市再生という名の開発によって大きく変貌していったのはあまねく知られたことであった。

苦渋が描いた「東京地図」——佐多稲子

佐多稲子（一九〇四〜九八）の自伝的小説『私の東京地図』（講談社文芸文庫、昭和六十四年＝一九八九年）は、みずからの前半生の歩みとともに移り住んだ東京のまちまちの記録である。十代の初めから働き始め、敗戦の年までに及ぶおよそ三十年間にわたる一人の女性の心情が、そのときどき出会った人とまちの風情とが織りまぜられて描かれている。この作品は、作者の代表作のひとつといってもいいだろう。

他方、この作品を都市小説とみなすこともできなくないが、最先端のモードが情報として散りばめられているわけではない。描写のなかで部分的にそうした個所もあるが、それはあくまでも心情を補完するものとして描かれている。

この小説は、昭和二十一年（一九四六）の三月、「人間」という鎌倉文庫の文芸雑誌に「版画」として書かれたものを第一回として、その後、十一編がさまざまな雑誌に書きつがれ、昭和二十四年五月、単行本化されたものだ。このわずか三年余の間に、戦後日本は、政治経済的・社会的・文化的に大変貌を遂げていた。

いまでは余りその名を知る人の少なくなった文学者の団体に新日本文学会というものがあった。この団体は、文学者の多くが戦争に協力した過去の反省にたって、戦後創立されたが、戦前のプロレタリア作家であった佐多は、この創立発起人になることを辞退している。その理由は、本書のお終いのほうで描かれているように、軍に協力したことを恥じてのことだった。

「版画」は、このような時代背景のなかで書き始められたことを思うと、気安く都市小説ということはできない。佐多にとって、青春時代でありながら、必ずしも光に満ちたものでもなく、ましてや後半では、軍に屈伏させられて渋々中国大陸へ取材のため渡らざるをえなくなった心情を思えば、なおさらのことである。

佐多は、敗戦までのこしかたをもう一度見つめ直すことから、新しい時代の出発をしていきたいという思いから「版画」以降の十一編を書き綴った。それは、まるで「東京の地図」を描くように、あちこちに移り住んだ記録でもあり、そのときどきに出会った人たちの物語であった。

向島と池之端

「版画」は、向島小梅町と浅草周辺の描写から始まる。それは大正の初めころのことで、佐多は小学校を中退し、工場勤めを始める少し前の記憶からであった。その回想するもっとも早い浅草の情景には、昭和六年（一九三一）に建つ浅草松屋はまだない。

花川戸の電車通りは、まだ高層建築などはない。同じような厚手の瓦屋根の並んだ問屋町だ。それもみんな薄暗い天井いっぱいに、束ねた鼻緒の吊り下げてある下駄の鼻緒屋ばかり。間口には広いガラス戸がたててあって、そのガラス戸には金文字で商店の名が書いてある。店の奥手の上《あが》り框《がまち》に、遠慮がちに斜めに腰をかけて、数えて渡される材料の麻の緒と布とを待っているのは小さな私である。内職の、鼻緒の前つぼ作りで幾ら貰っていたのかそれは覚えていない。電車道と大川べりとの間には、もうひとつ道があって、川べりは二階つくりのしもたやが、下町風の小ぎれいさで川風を受けていた。その下を一銭蒸気が煙を吐いて、川面《かわづら》を這うようにして上下していた。川向うの橋ぎわに、ビール会社の建物もまだ無かったのである。

（八ページ）

佐多は、そのころの貧乏な家の子どもの一人として、内職の手伝いをしていた。浅草のこのあたりは、昔も今もはきもののまちである。今は革靴の問屋が多いが、その昔は下駄屋であった。この引用のあと、しばらく隅田川周辺の描写がつづくが、わずかに明治二十年（一八八七）架橋の鉄製の吾妻橋はあったが、駒形橋はまだなく、渡船による往来であった。このあと佐多は、おとなになって日本橋丸善へ勤め始め、そこで大正十二年（一九二三）の関東大震災にあうので、この描写には、震災以前の江戸の名残と近代化へ向けて疾駆するまち並みが混在している。

この当時、佐多は、花川戸の対岸向島小梅町に住んでいた。現在でいうと花川戸へ行くには言問橋を通るのが便利なのだが、言問橋は昭和三年（一九二八）の架設で、それまでは浅草側待乳山の今戸橋ぎわと向島の三囲神社わきを竹屋の渡しが往来していた。しかし渡し賃は一銭かかるので、佐多は吾妻橋を通って、つまり節約のため少し遠回りして花川戸へ通っていたのである。

すぐ向うに見える小屋が竹屋の渡し場、渡し銭を取る親爺が小屋の内に坐っている。丁度今、渡舟がこちらへ着くところ、船頭は艪をおいて竹竿に持ちかえている。女たちが中腰に舟べりにつかまっている中で気の良い男は脚をふんまえて身構えている。川の上にはいっぱいに陽が当っているが少し風が寒い。些細なもの音は川に吸い込まれて、川の大きさが静かに展がる。川向うでは、家がみんな一様にうしろ

姿を見せている。（九ページ）

ここで描写されている渡し舟は木船である。艪と竹竿を使って両岸を往来していた。イメージとしては、当節の観光地の急流下りの舟を思いうかべてみれば分かりやすいだろう。

佐多が使いにやらされた商店は大店で、そこかしこにある多くの店は小店だろう。幼い佐多の家族と同じ生活レベルの佇まいが眼についた。

例えば、向島小梅町のその近所に、幕末に生を受けた老人たちが暮らしていたことを記憶している。その一人石井せいは、若いころ、本所に邸のある大名の上屋敷の奥女中をしていたが、いまではメリヤス工場で働いている。七十近い人で、先夫とは生別か死別かふれられていないが、年をとってから石井老人と一緒になった人だった。

この老夫婦が、幕末維新の激動期をどのようにやりすごしたのか言及はない。妻は大正の世にあって、息子からの仕送りでは足りず、東京のはずれの町工場でいくばくかの生活費を稼がなければならない境遇にあった。しかし、零落の日々を嘆くこともなく、元武家の老人二人はつつましく仲よく暮らしていた。次の引用には、そのころのことらしく、佐多の幼少時の印象と思える。

工場から家が近いし、お爺さんもいることだし、お昼御飯には石井さんは幼稚園の二階へもどってゆく。ときどき仕事の都合で石井さんの帰る時間のおくれることがある。

するると、工場の仕事部屋の外に、

「おせい、おせい」

と、ひと言ごとに押えた老人の気むずかしい声がする。

「そら、お爺さんおむかえよ」

と、聞きつけた側のものが微笑をおくる。

「まあせっかちねえ」と、頬をふくらした石井さんは、今度は撓《しな》った声で、

「はいいま、ゆきますよ」

と、答えて立ち上ると、その撓った声の余波で、新派芝居の娘の科白《せりふ》のように、

「では、行ってくるわね」（一五・一六ページ）

文中、石井老人は気位が高かったことが書かれているが、その妻は、気位などというものにいささかの思いを残していない様がごくわずかの文章から窺える。おそらく石井老人は、一角の侍であったろうが、それをタテにしてはもはや暮らしていけないことを

この妻女にたしなめられつつ生きていたのだ。このわずかなやりとりのうちに、それがはしなくも、かつ見事に現われている。多くの幕末に零落していった武家の元家族は、時代に合わせていかないと生きていけなかったはずだ。この石井一家は、妻女のわずかばかりの稼ぎを当てにせざるをえないほどであっても、まだましな部類なのだろう。

このように個人の力ではどうしようもない境遇は、ごくごく一部の人たちを除いて、当時の社会に広くあったのは、容易に想像できるはずだ。わたしたちができるのは、このような人たちの「無念」をどう掬いあげられるかだろう。いつの世も、名を残した人たちに焦点が当たるのは、世間の常識という尺度からすれば、道理といえば道理なのだが、「無念」をいだきながら生きていた人びとが必ずしも打ちひしがれて生きていたわけではない。それを支えていたのは、日々の生きる糧としての「意気地」であり、「粋」であったと思える。

ところで、二十代少し前までいた浅草について、佐多は実によく観察している。

この田原町のどたどたとした街には周旋屋の看板の相当の数であった。電車通りに庇いっぱいに大きく看板を張った周旋屋もあり、また、この奥に人の住む家があるともおもえぬ、家と家との間からひょっこりと人の出てくる路地がある。がたがたとどぶ板を踏んで入ると、その突き当りや、もひとつちょっと曲がったところなどに、ひっそりと、黒いのれんをかけた口入屋があったものだ。（一八ページ）

この引用にあるような一角は、近代日本がめざす方向からは忘れられたたたずまいである。おそらく、明治末年から大正初めのには、江戸以来の「町内完結社会」（小木新造）はほとんど分解していたと思われる。周旋屋や口入屋に出入りする人の多くは、「町内完結社会」から無縁の地方出身者になっていたと思える。彼らは、町内には何の義理もなく、ひょんなことで、たいていはより低額の店賃か陽あたりがいいとかのわずかの好条件があれば、気軽に移動していた。

この引用の少しあとで、佐多は「路地とどぶ板は、古い東京の宿命であろう」といっているが、まだ東京は都市計画という近代の思想と無縁であった。どぶ板の下には生活排水が流れていたが、東京の外延の路地うらでは、昭和三十年代までこの状態はほとんど変化はなかった。

やがて工場勤めを始める佐多は、つつましやかながら、屈託を胸に秘め、抗いようもなく訪れる日々の厳しさと対峙している人たちと出会う。しかし、佐多の描く人たちは暗然とばかりしていたわけではない。生活は悲惨ともいえる状態であったにしても、それに屈していたばかりではなかった。どうしてそのようなことがありうるのかと今日のわたしたちは考えるが、おそらく次のようなことだったたろう。

　庶民が生活の根に据えている、自律と自立の精神を日々の暮らしの規範にしていたからなのだろう。貧しいものはそれなりに誇り高かったのである。「版画」のなかで、佐多は祖母に次の言葉をいわせている。それは、売り上げを持ち逃げした息子のために世間に詫びようと、猫いらずをあおって自殺したその母親に対するものだった。

　佐多の祖母は、「死ぬなんて！」「意気地がないねえ」と吐き捨てるようにいった。意気地を失うことを祖母は最大の恥辱としたのである。どのようなことがあっても、意気地をもって生きつづける、ということがたしかにあった時代と思える。幼かった彼女には、祖母と向った自殺した松田の家の路地は、宿命のように淀んでいた。


　無気力なものは、路地の奥では、どぶ水のように淀んで腐ってゆくのであろうか。私は祖母といっしょに松田の家へ出かけていった。もう夕暮れで、吾妻橋のあたりは、仕事を終えて帰ってくる黒い人の姿であふれていた。隅田川の水が鈍く光っていた。橋ぎわの大きな広告塔で、仁丹のイルミネーションの明滅する度にそのあたりが明るくなったり暗くなったりしていた。（一二二ページ）

やがて佐多は、メリヤス工場から上野池之端の料理屋へ奉公に出される。そこは、向島小梅町から、今日の地下鉄銀座線でわずか四つの駅の距離でしかないが、彼女の世界を大きく広げることとなった。年齢的にも、ちょうど思春期に当たった。限られた行動範囲のなかでも「私の小さな自負心が、外の空気を欲して喘いでいる」(八一ページ)のだった。この池之端時代に、佐多は客としてきた芥川龍之介に会っているが、彼女はまだ文学とは遠いところにいたものの、成長して大人の入口に立っていた。

曳舟と日本橋

やがて佐多は、新聞の案内広告を見て、池之端から日本橋へ移った。丸善の女店員となり、このころさかんにもてはやされた「職業婦人」の一人となった。すでに三越や松坂屋では大量に女性を採用していたから、丸善もそれに倣ったのである。日本橋に通うようになって、みずからの生活基盤からはけっして見ることのない世界を知っていくものの、丸善にいた三年のうち後半は鬱々としていたことを後に作中で吐露している。

彼女の気鬱は、一体何を原因とするのかよく分からないが、日常のことごとくから生まれるささいなササクレにも反応していく。例えば、引用にもあるように通勤という都市生活者にとっての日々が耐え難くなっている。それは、成長し娘になるにつれ育っていく触覚が、日々、世間にふれてめざめていくことでもあった。

地震前は押上《おしあげ》が終点の、そこからいつも小さな電車に乗るのであったが、雨の日といえば決まってこの線は故障をして、終点には一台も車がないまま吾妻橋の方からやってくる電車はいっこうに姿を見せない。京成電車からはき出される乗客やその他で、押上の終点はいっぱいの人になる。場末の終点らしく、いちぜんめしやの並んでいるごたごたした商店町は、電車を待っている人だかりには無関心に刻々の時間の進むのに応じて、店先きの掃除を始め出す。私たちはいつもまだ町が充分の活気を見せないうちにそこから出てゆくのであるのに、そういう日は、町の方が次第に明かるくなり出すのであった。すると私は何かに取り残されたように却って妙な寂寥と不安につき落されてゆく。(二四・二五ページ)

小さな電車の終点では、通勤客が朝と晩にごったがえす。このまちのたたずまいは、今日のものと基本的にちがわないだろう。その姿は、行き交う人びとのための店を中心にしていて、そこに住む人だけのものではない。いわば、どこにあってもいいまちだ。どこにでもあるまちが生まれた大正のこのころ、不特定多数をさす大衆という言葉が生まれたことをこの引用は、問わず語りに語っている。名もなき人びとは、朝晩、自分の住むまちから出て、勤め先という別のまちへ通うことを少しの違和もなく始めた。

佐多は、不特定多数はあまり訪れることのない日本橋へ通った。この落差を佐多は、さほど気にしているように見えない。気鬱にもかかわらず、彼女は、毎日、そこへ通わなくてはならない。そこ丸善は現在でも多少の名残がある、高級輸入ブランド品を売る最先端の店だった。現在では書籍の販売が大半となってしまったが、当時は、日本ではとうてい作れなかった高級洋品・化粧品・雑貨を売っていたし、作中の彼女はそういうことに対していささかの気負いもない。丸善には、アナーキストの大杉栄もやってくるし、左団次、評論家の内田魯庵もやってくる。のちに文化運動の同志となる中條（宮本）百合子もやってきた。この店は、日本のインテリゲンチャが足しげく通った店なのである。作中の日本橋は、当時の最先端モードの記録として読める個所だが、それはあくまでも表通りのことで裏通りはそうではなかった。佐多は、そこをよく見ていた。

丸善の裏通りは、日本橋の芸者家町につづいていた。表通りが今はもうただこの土地だけのものではなくて、東京という都会の中心にもなり、通り路にもなっているというようなのを、土地の人たちは諦めたように、この裏通りに自分たちの世界を形づくっているというようなものがあった。このとおりにはこの土地の人々のこまやかな営みがあった。小さな漬物屋もある。町内の魚屋もある。三味線屋や下駄屋もある。（九三ページ）

多感な、まだ二十歳前後の佐多は、働きながらみずからと周囲の環境を実によく観察している。しかし、彼女の心にきざしていたのは、「寺島の長屋から日本橋の店に通いつづけた三年間のあとのほうでは、私は張合いを失ってしまって、死ぬことばかり考えつづけた」（一三四ページ）という不安定な心情だった。なぜそうなったのかについては、少しもふれていないが、作中の「曲り角」と題されたなかで、曳舟川近辺の場末の情景描写に仮託して、その心象風景が次のように語られている。

曳舟の川に向って赤煉瓦の建物の工場がある。私は曳舟川を渡らずに工場の塀に沿って右へゆく。川の向い通りはいかにも場末の小さなごみっぽい店が、かたむいた家並みで低い。工場の前の道は石炭がらでまっ黒でざらざらしている。曳舟の水は上潮で道にすれすれだ。酢っぱい金けの匂いがこのあたりの町に染みついている。この匂いは、私に家へ帰ってきたおもいをそそる。春さきなど、日ののびてゆくのが一日増しに、私の足どりと空の色で計られる。暮れ残る淡い光りの中に、工場の前はしーんとして人も通らない。私はただひとりで歩いてゆく。貨物の線路が京成電車と別に曳舟川を横ぎっているのを、私はまたいでゆく。私は時計のように朝夕ここを通るのだ。私は肩が痛い。足も疲れている。それでも明朝また日が登ればここを出かけてゆかねばならぬ。私には心を躍らせる何もない。私は貨物の線路の光っているのを眺めて、私の身をそこに横たえることを考え続けている。私の肉片がこま切れのようになって、貨物の車輪に喰っついて廻転してゆく有様を頭に描いた。そういう毎日があったのだ。（一三五ページ）

この情景は、関東大震災の少し前のことであるとすれば、佐多は二十歳ほどになっていた。東京は中心から少しずつまちが周縁へ広がり、佐多の住む向島や曳舟には、全国各地から仕事を求めて蝟集した地方の次三男であった両親を中心とする家族が住みついていた。

佐多は、十代の初めから働きつづけ、二十歳になるかならないうちに、すでに「心を躍らせる何もなく」、心は朽ちようとしていた。「心を躍らせる」ものとは何だったのかについて文中では記述がないが、このままでは自分は、この境遇から抜け出せないであろうという諦めの心情に支配されていたといってもよかった。曳舟のまちの暗く沈んだような描写にそれはよく表われていて、そうしたまちの表情にからめとられるのではないかと恐れた。

「心を躍らせる」ものは、内からそして外から意識的に招来するものなのだということを、この時点の佐多には知りようもなかった。ただし、多くの庶民といわれる人たちは、そういうことを考えることはあっても、さまざまなしがらみにとらわれながら、さも屈託がなかったかのように、その日その日をやりすごしていることに佐多はまだ気づいていない。いわば彼らへのシンパシィーは寄せようのない心情にあった。それでも、一人の作家が誕生するのは間もなくのことである。

このころの佐多は庶民の一人であった。どのように自分の人生を描いていったらいいのか、皆目、明快ではなかったにしても、世間というかごのなかには、漠然とした強制力があるのを知っていたから、否も応もなく、そこにしばられていかざるをえない。そんななかで、女であることをたびたび疎ましく思ったとしても不思議ではない。佐多のよく分からない気鬱の正体は、そんなところにあったともいえる。

当時の若い娘として、自立して生きるというテーマは、ごく一部の「新しい女」に許されたことで、多くの庶民にとってそんなことは無縁な世界だった。林芙美子の『放浪記』（昭和五年＝一九三〇年）に描かれている女たちは、職業的に今日的な選択肢とははるかに制約された条件のもとで、否応なく「新しい女」たちとはちがった人生設計と格闘しながら生きざるをえなかった。

動坂と田端

佐多が丸善の上役の勧めに従って結婚したものの、その夫と薬をあおって自殺をくわだて、未遂に終わり、意識を取り戻し乳呑児とともに移ったのは、本郷区の駒込動坂町であった。佐多は、住まい近くにあった「カフェー紅緑」の女給募集の貼り紙に早速、目をとめた。

乳のみ児を抱えて、生きることに率直になっていた私は、女給募集の貼紙に、先ずそのへんから飛び込んでゆこう、と手近かに働き出している。（一四四ページ）

「乳のみ児を抱え」た佐多は、四の五の悩んでいるわけにはいかなかった。日々、生きるための方策を講じて生きていかなくてはならない。より現実的な生き方を取るのは当然のことだった。ここから、彼女の後半生が始まる。

動坂は、のちに佐多の文学的出発点となる場所であるが、ここは今も昔も、とりたてて特徴のあるまちではない。ただし、都電が通っていたころのこの近辺はかなりの賑わいだったとは、この土地の住人の回想である。

動坂から田端は目睫のところにあった。その地がやがて、佐多の人生を大きく変えることになった。田端のどこかで落ち合って、坂を下りながらカフェー紅緑までやってくる数人の若い男たちと彼女との交流が始まるのはまもなくのことである。

当時の田端は郊外であった。芥川龍之介、室生犀星、佐藤春夫が住んでいて、彼らを文学の師と仰ぐ若い男たちこそ、中野重治、窪川鶴次郎、堀辰雄らであった（ただし、本作中に堀らしい人物は出てこない）。彼らの出していた同人誌こそ「驢馬」であった。佐多と出会ったときのことを、中野はのちに次のように語った。

　一人の女窪川稲子を見つけたのは窪川鶴次郎であるが、そのなかにすぐれた小説家を見いだしたのは私であった。

少し前、佐多は、結婚を機に、それまでの生活のテリトリーとはまったく無縁の三田に移った。その三田は、どちらかといえば山手の屋敷町である。だが、三田の生活は長くはつづかなかったために、彼女は東京の上層の生活がからだに染みこむことはなかった。

なぜ動坂に移ったのか作中ではふれていない。彼女の心中で、生まれ育ったまちと似たような雰囲気のまちへ戻ろうという意識が働いたことはまちがいないだろう。疲れた心身の回復には、そうしたところへ住もうというのはごく自然のことである。

大正末から昭和初めにかけての田端は、東京市の郊外であったとはよくいわれることだが、今日の田端からかつての郊外をうかがわせるものは何もない。田端駅は、今も昔も同じ所に建っている。その駅頭を背に、左の道を行けば、五分ほどで動坂に着く。今日、動坂といえば、東京都立駒込病院があるところで知られている。カフェー紅緑は、その交差点の近くにあった。

このカフェーという、酒場と喫茶店を足して二で割ったような営業形態は今日では見当たらない。大阪で生まれたカフェーなる営業形態を考え出したのがだれか知らないが、大正末から昭和初めにかけて大流行したといわれているほど、戦前の風俗文化を代表する社交場のひとつであった。

カフェーの雰囲気をひと言でいえば、気安さであったろう。そのころ都市の新しい主人になりつつあった俸給生活者が、さほどどき気がねなく遊べる、という気安さであった。

つまり、新しく勃興し生まれつつあった勤労階級に向けた新しい社交場でもあった。同じく女給たちも、昨日まで堅気の仕事をしていても、次の日には、かんたんにそちらの世界に移ることができるという気楽さでもあった。佐多は、勤めていたカフェー紅緑について次のように書いている。

こういう表どおりにあるカフェーは、やっぱり町内の気易さで、客も女給も店の外でも挨拶を交すほどの見知り越し、それも、その客の数はたいして多くはない。今ほど、酒場と喫茶店がはっきり分れていない頃で、カフェーといえば、酒を飲むところである。カツレツやチキンライスなど洋食の一皿料理で腹ごしらえをしても気兼ねなくお客さまで通り、またはコーヒー一杯で、ぱちりと十銭銀貨をひとつの卓の上においていて帰ることも出来なくはない、そんな安直さがあった。まして町内のことだから、昼は働き着のままコーヒーを飲みに来て夜は風呂がえりにビールを一本、それにハムサラダ一皿で冗談を言ってかえるなどというそんなのが、女給たちと仲よしのしゃれた客であったりした。（一四三ページ）

この引用のなかで描かれたカフェー紅緑は、若い人が中心の明るい雰囲気のちょっとした町内のたまり場のようなところであったらしい。そんなところへ、若い文学者の卵たちが、偶然、やってきた。ここで佐多が彼らと出会ったことで、日本の近代文学史の一ページがつづられることになるとは、まだだれも知らない。

私は、本郷や田端に流れる一脈の清風に、頬を撫でられるおもいをした。小石川をふくめて本郷や田端というところには、いつからか私の感情の中に郷愁に似たおもいをそそるものがあるのだった。(一四七ページ)

佐多はやがて、この「一脈の清風」の中に巻きこまれていく。作家・佐多稲子の文学的出発点はこうして始まった。彼女が、当時ほとんど無名であった中野重治、堀辰雄、窪川鶴次郎らと田端・動坂で出会ったのは、たぐいまれな偶然であった。もし、何かの気まぐれで、佐多が動坂に移ってこなかったとしたら、その後の日本近代文学史は今とは少し違ったものになっただろう。

ここでは、まだ無名の若い文学者たちを「一脈の清風」になぞらえたが、ここではそれ以上に踏みこんで書き込まれてはいない。というのは、やがてインテリゲンチャの一部が左傾化し、「一脈の清風」にいろどられた青年文学者もその渦に巻きこまれていくからである。堀辰雄は、病弱であったことやその資質が向いていないことなどから彼らと同一行動はとることがなかった。

芸術に若いのぞみをかけた「驢馬」の同人たちは、世紀の波に揺すられはじめながら、まだ足場がきまらず、その六畳に寄り合うと、夜更けまで花札を弄んで、果ては夜あけまで枕を並べたまま思想について、我が身の今後を懸ける熱意でしゃべりつづけた。（一七二ページ）

同人誌「驢馬」には、芥川龍之介、室生犀星、佐藤春夫が寄稿していた。三人は、当時、田端に住んでいたのはすでにふれた。

佐多のいう「世紀の波」とは、日本の政治経済的な不景気による労働運動の高まりであり、芥川龍之介が昭和二年（一九二七）に、「漠然とした不安」の遺書を残して自殺したような社会的閉塞感のことである。佐多は、芥川が自殺する四日前、彼女と再婚していた窪川鶴次郎たちと会っている。そのときの模様を次のように描写している。

サイダーをつぐ手はぶるぶる慄えている。腰のあたりは不確かに見え、口の中はまっ黒に何かがらんとした穴のように見える。その人の疲労を吉之助（窪川鶴次郎のこと―引用者）たちはもうあんまり見慣れてしまっているのだろうか。私は、池之端で見たときの姿と今の相違の激しさに、しーんと胸に沁みるおもいを覚えている。

そういう私に突然、何の前おきもなしに言葉がかけられた。何の前おきもなしにそして今まで吉之助たちと話していたことにも何のつながりもなしに。

「あなたは、もう、もいちど死にたいとはおもいませんか」

私は一度死んだ女であったがその問いは吉之助の手前私をばつ悪くさせた。何を飲んだのです？　ああその睡眠薬は、ともう平静に男たちに話を移して。（一七三ページ）

この描写は、ほぼ正確なものだろう。一度死んだ女である佐多のことが突然出てきたのだから、終生、忘れられない記憶として残っていた、と考えるのはしごく常識的なことである。そしてまた、この前に、窪川は芥川から「一度死んで生きかえった人間を見たい」（同）ということを告げられていたから、よほど彼女に興味があったのだろう。

芥川の自死を契機とするかのように、若いインテリゲンチャは何かにせかされるように文学運動に参加していくのは、一種の熱病でもあった。左翼側からいえば、「左翼にあらずんば文学者にあらず、芸術家にあらず」といった雰囲気が、インテリ層に蔓延していたのは事実だった。プロレタリア文学の熱風はすさまじいもので、そのためそれとは無縁の、たとえば武者小路実篤らの人気作家は、原稿の注文が激減した。しかし、その熱の収まるのも早かったのは、官憲による弾圧のためばかりともいえない。みずからのうちに、それが胚胎されていたと思える。

一脈の清風が熱い風になっていき、佐多も徐々にその熱い風にあおられていく。

十条

本書によると、佐多はかなり引っ越しをくり返している。ひとつの土地から別の土地へ移ることが気軽な時代であったのだ。佐多・窪川夫婦は、ともに定職がなく、しかも地方から東京に出て来た流民の一人であり、東京には根がないことが、気軽な引っ越しにつながったのだ。それに、貧乏な世帯には、リヤカーか荷車一台に乗る程度の家財道具しかなかったから、いたって簡便なものだった。

しかし、今日のようなアパートは、都内には数えるほどしかなく、今でいえば下宿を移るように気楽に引っ越していった。間借りという言葉が残っているように、少し大きな家の一室を借り、炊事、水回りは共同というスタイルで、プライバシーなどというものは観念としてもなかった。
佐多・窪川夫婦は引っ越しするたびに文学運動から社会運動に深く関わっていく。それと同時に彼女は、「驢馬」の同人の推挽により、文章を書きはじめ、それが認められて、当時としては珍しい新進女流作家として文壇に出ていった。そのために雑誌社などからの文筆の注文もふえて、それはいわば表の顔、つまり合法的な生活手段だった。次のエピソードは、その時代を伝えている。

この雑誌記者が俥《くるま》に乗って私の家へ来たとき、俥を引いて来た俥やは、私の夫の吉之助がその家へ「無産者新聞」をとどける「我らの同志」であるということなども、この町に住みつく私たちの生活環境を語ることであった。「無産者新聞」を読むこの俥やは十条駅前の裏どおりに駄菓子の箱を上がり口に並べて暮らしていたが、無口だが、どこかぴりっとしたところのある小柄な男であった。小鍛冶さん、とその姓を呼ぶとき私は、この人にその名がぴったりするようにおもうのであった。大勢子どもがあって貧乏にまみれていたけれど、細君も背のすらりとした人柄で、それでいて自分たちの生活にじいっと目をひらいているような人であった。（二〇

二・二〇三ページ）

この引用は、作家としての視点がみごとに生きているといえるし、その才能がきらめいていた。そしてこの細君の次の描写は、佐多じしんのものであるとともに、このように書くことによって、みずから明確に気づいていない領域へ踏みこんでいた。

お世辞も愚痴も言わない。声高に笑ったりもしない。やや蒼い細君の面長な頬に彼女自身の知らぬ威厳さえある。私はこの人たちを見ていると、人間の本質的なものと貧乏との矛盾みたようなものを考えさせられるのであった。（同前）

十条に住んでいる時、そのピークとも思えることが起こった。東京モスリンの婦人労働者が、運動の何かの連絡のために警察の目を盗んで佐多の家をたずねたのだ。婦人労働者と書いているが、実際は十代の少女だった。この少女は、労働争議に関わり、警察に拘留されたのち、故郷に帰されるスキに佐多を訪ねたのだ。

上野駅から警察の男の目を抜けて私の家までレンラクに来た少女の一途《いちず》なおもい

が、しーんとした冬の十条の町を駆けて来たのをおもうと、向島の工場の寄宿舎の近くしか歩いたことのない彼女だけに、ひたひたと押してくるものがある。私は彼女を見送りながら、一度火のついた人間の胸のうちをおもい、そのかり立てられた感情を自分の心の中にもかり立て、何かしら自分への不満足なおもいも合せて、夜風に肩をふるわせた。この娘たちにも、十条の町は生涯のうちの激しい記憶に結びついて残っているにちがいないのだ。（二一六・二一七ページ）

十代の少女の「火のついた人間の胸のうち」を知って、佐多は発奮したのである。それまで夫のそばでオズオズと労働運動に関わっていた女が、おそらくこの日を境としてより前に進んでいこうとした。それまで佐多は、夫とその周辺のインテリゲンチャたちとの関わりのなかで社会運動を見ていたのが、この日初めて労働者、それも少女のような労働者に出会って、ひとつの決意をしたのである。

昭和三年（一九二八）、佐多は、中野重治に勧められて、二十四歳の時、処女作「キャラメル工場から」を雑誌に発表し、プロレタリア女流作家として知られるようになるが、この小品は、小学校を卒業しないうちに家計のために働きに出た女工としての作者の経験が素直に表現されている、ということで評判になったものである。四百字詰め原稿用紙にしたら、わずか十数枚の短編であるとはいえ、処女作とは思えない資質を感じさせる作品である。今日では、作品集や全集でしか読めなくなっているが、もっと正当に処遇されていい作品である。

処女作以後、佐多は意欲作を発表し、一躍新人作家の仲間入りを果たし、社会的にも文名を知られるようになるが、弾圧は時とともに熾烈となり、転向が迫られていく。佐多は、夫が獄中にあり、しかも夫の母と子どもを抱え、なおかつ懐は、家賃すら払えないくらいになっていた。しかし、じっとしていては、どうもこうもない。何とかして、シンパの協力によってこの苦境を脱していく少し手前の心境が次であった。

年寄りや子供に正月の食べもの位は用意してやりたい。差入れにも何か正月らしく、とおもってくると、早く何か金になる仕事をしなければと、せき立てられてくるのをどうしようもない。さやさやさやさやと笹の葉が鳴る。冷たい風に、通りの足音も忙しげで、買物をしてゆく世間の姿は私の気持からは遠いのに、それはじりじりと押してきて私の腹部を、底の方からぐるっと掻き廻してゆく。（二二四ページ）

佐多がどのようにしてそこを脱したかは本文にあるが、潜伏中の小林多喜二と会うころの東京のまちの描写が次のものである。

東京の町の空気は、いったいに重く沈んでいる。商店などにも活気はない。満州での戦争は拡大していて、そのことが人々の気持に蔽いかぶさっている。人々はただそれを出征する人とその家族に対して気の毒だとおもうだけで、それさえ公けにはしてはならない、と諦めている。まだこの戦争が自分たち全体に及んでくるとまではおもっていない。ただ何となく暗雲を感じて、じいっとしている。そういう街を、私は赤ん坊を負ぶって歩く。私は自分が赤ん坊を負ぶっている、ということで気持が太々《ふてぶて》しくなっているが、前々から引きつづいている周囲の事情が私を育てていた。（二二九ページ）

多喜二が警視庁築地署に逮捕されるのは、昭和八年（一九三三）二月二十日のことである。もはや日本が、引き返すことのできない地点に立っていることが、まちの空気まで「いったいに重く沈んでいる」ことでも分かった。どこへ行こうとしているのか、庶民には分からない。その重っ苦しさにおおわれているとはいえ、そのはけ口をどこへ向けたらいいのか、だれにも分からない。

いくつかの記録にもあるように、この年の夏、東京の盆踊りでかけられた「東京音頭」（西條八十作詞、中山晋平作曲）のレコードが爆発的に流行し、日本全国へ波及していく。流行の背景については、諸説いわれているが、どこへも向けられない、重っ苦しさから逃れようとしたのがそのひとつではないかと思える。安田武のところでもふれるように、「陽の傾くころから深更まで」人びとは踊り狂ったのであった。

この引用の数行あとに多喜二と会う文章が出てくる。彼は、佐多の背中の女の子が人見知りをして、その背に顔を伏せると、「おやァ、この子、俺に惚れたなァ」と軽く冗談をいって笑ったと書いた。この一瞬が、彼女が生きている多喜二を見た最後のものとなった。

佐多は、流行作家となったとはいえ、実によく戦中の近所の庶民のことを見ていた。みずからの転向ののち軍から中支へ派遣されるという、いわば屈辱にも乾いた対応をするようになるが、それ以前は、自分一個のことより、近所に住む人たちに否応なく訪れている戦時体制の暗い闇のほうに目が向いていた

私の家の出口の左手に、女の子二人と夫婦で睦まじく暮らしていた染物職人も、優形《やさがた》の身体で出征していった。家内で睦ましいということが、排他的にさえなって

いた夫婦だったが、主人は似合わぬ洋服に襷をかけて出立するとき、どうぞ、あとをお頼み申します、と私の前でまた、しんからそう言っておじぎをした。夫の出征したあとは、細君は腕がよかったので仕立ものを大きな呉服屋から引受けてそれで生計もちゃんと立てていたが、ある朝まだ小暗いうちに、まるで気の狂ったように我が子を折かんするのが聞こえてきた。八歳ぐらいだった下の子がおびえておろおろと謝りながら、打たれて泣いている。朝の空気がただならぬものになって、近所からなだめに出た。私は胸を突かれたようになって、徹夜の机の前でじいっとしていた。残された妻の、ときに猛るのが分るおもいがする。ねえ、お父ちゃん、と夫を呼ぶとき嬉しそうだった声のその妻の苛ら立った叱り方は、何か本能的な苦痛を現わしていた。（二四六・二四七ページ）

佐多が見ていた近所の庶民たちは、つつましい生活を唯一の頼みとし、その日を送っていたが、戦争というのがれようもない現実に、抗うでもなく静かについていった。それだけ、戦争の苛烈さが彼らに降りかかると、いっぺんにすべてが瓦解していった。近所の染物職人の四人家族に訪れた、出征という事態に、その妻が子どもに当たる「本能的な苦痛」に、佐多は胸をつかれた。おそらく、日本中で、東京中で、庶民は「本能的な苦痛」にさらされていた。

引用中の染物職人は、数カ月後、戦死した。それ以後、「いつかの朝のような苛立ちを聞くことはなかった」と佐多は書く。もはや庶民は、「本能的な苦痛」を現わすことすらできなくなっていた。

戦争まで──ある東京少年誌──安田　武

少年の目から見た東京のある部分の回想とはいえ、当時のある階層の生活や考え方がよく見えるのが、安田武の『昭和　東京　私史』（新潮社、昭和五十七年＝一九八二年、のちに中公文庫）である。

安田武（一九二二～八六）は、一般的には、学徒出陣世代（わだつみ世代）ということで、「戦争体験」についての文章を多く書き残してきた人として知られているが、本書のようなものはほかにには少ないのはなぜかということだ。そのわけは、だれしも少年時代は楽しかったということになると、往々にして過去の時代相の描写が紋切り型な表現になりかねない。それを避けるために安田は、わたし個人という細部にこだわったと思える。

それは、安田が恵まれた少年時代を過ごしているとはいえ、少年の眼から見た昭和初期から開戦までの細部を書き残しているからである。たいていの歴史家は、この細部にさほど拘泥しないのが常である。ここにこそ、喜びや悲しみ、辛さが宿っていることを彼らは理解しているかどうかわたしは知らないが、歴史の真実のいくばくかはここにあると思っている。

本書は、東京新聞に昭和五十六年（一九八一）五月から翌年六月にかけて六十八回にわたって連載し。その後単行本化したものである。連載時は、戦争が終わって三十六年もたち、その記憶が当事者からも、世のなかからも薄れかけてきたころである。この年月の経過の積み重なり具合は、安田にとって昭和一けたの時代を回想するのに不足はなかった。

昭和一けたの少年時代

安田は、大正十一年（一九二二）の生まれだから、モノ心ついた少年時代は昭和の初めと重なる。生まれたのは、東京府下北豊島郡巣鴨町。現在の豊島区巣鴨になり、市電の巣鴨車庫の近くであった。とはいうものの、そこはまだ東京市外であった。今日の巣鴨からは想像できないことであるが、安田の出生時はそうであった。

学齢前の安田は、この巣鴨車庫に出入りする市電を飽かず眺めていたことを思い出して、そのなかでも強く印象に残っていたのが花電車であった。昨今では、都電が一系統しか走っていないので、花電車にお目にかかる機会はめったにないが、昭和初年は、東京府内に市電の路線が縦横にめぐらされており、ビッグイベントがあるごとに花電車が走っていた。

つまり、昭和初年の東京は、「花電車の波また波」だったといってよく、そして、そういう明るい「花電車の波」と、「万国の労働者よ、団結せよ！」という文字に、子どもの目にさえ、へた糞《くそ》だなと呆《あき》れた、二の腕と握り拳が真ん中で握手している絵を描きなぐった大きな横幕とが、たがいに二重写しに、私の幼時記憶として定着しているのだった。（八ページ）

昭和初年の花電車は、具体的に何だったかというと、昭和三年（一九二八）の天皇御大典、同五年の帝都復興祭であった。天皇御大典とは、昭和天皇の即位の一連の行事のことであり、帝都復興祭とは、関東大震災からの復興を祝うものであった。そして昭和初年、東京の人口は五百万人を超えた。

それと交差するのが、まだ盛んだった労働運動の街頭行動の思い出だった。メーデーも制限つきながらまだ行われていたし、昭和四年には、東京市電ストも行われていたように、労働運動はそのころ、戦前最高の盛り上がりを見せていた。それはまた、不況の時代であった。一九二九年（昭和四）のニューヨーク株式市場の大暴落はたちまち、日本にも波及していたからである。国家権力のムキ出しの暴力を前にしても、労働者は果敢に運動を展開していて、彼らは、このころまではまだみずからの未来を信じることができたのである。それが、彼らの拙い表現に現われていた。

こうした時代背景のなかで育った安田は、当時では、きわめて珍しい洋館に住んでいても、日ごろは、地元の商工業に従事する勤め人や職人、自営の商店主が多く住むまちの子弟の大半が通う小学校で勉学し育った。

その私の家というのが正面玄関はドア、ギロチン窓が並び、真っ白な漆喰《しっくい》の外壁には蔦《つた》が這い、二階はバルコニーつきという、いわゆる「洋館」だったのである。

（一四ページ）

この洋館は大正十年（一九二一）に建てられたが、当時の巣鴨は、まだ東京の市外であったから、安田もいうように近所の人は度肝をぬかれるほどの洋風御殿だった。父親は製薬メーカーの重役で、昨今の重役とちがってこの当時のそれは、かなりの高収入であった。趣味はライカによる写真撮影で、自宅に現像室をもっていたというから、とてつもない裕福な家庭であった。その一例といえば、朝食はパン、ハムやベーコンはローマイヤー、紅茶はリプトンというハイカラ一家であった。

この父親のハイカラ趣味をことごとく好まなかった安田は、級友たちのご飯に生卵のほうがうらやましかったといい、長じてその趣味は、父親への反撥として歌舞伎をはじめ伝統的なものに傾いていった。ところで、この当時のライカ一台は、俗に家一軒が建つほど高価であった。家一軒といってもピンからキリまであるが、もちろんピンに近いものであったろう。戦後の貧しい時代を生きたわたしにとって、戦前にこのような裕福な人たちがいたことは信じられないことであったし、それは当時であっても突出していた家庭であった。貧しい商工業の勤め人や職人、商店主の一家は、たいてい長屋か小さな二階建て店舗でつつましく暮らしていた。

安田の入学した仰高小学校は、全校児童数二千人を数えるマンモス校で、ほかに仰高東、西、北の分校をもつほどで、周縁のまち巣鴨は、たちまちにして、東京市に包含されそうなほどの人口増大に見舞われていた。好況のなせるもので、関東一円をはじめとした農家の二、三男を中心とした労働力が大都市東京に吸引されたことによる急激な人口増加で、彼らの子弟の入学者がこのように東京市外にふえたわけである。安田の同級生のなかには、まちの状況を反映して種々雑多な子どもが在校することになった。

なにぶんにも、とげぬき地蔵の門前町を中心に栄える街なかの学校だから、同級生には、たとえば、提灯屋の倅がいるかと思えば、井戸屋の娘がいる、緒方医院お抱えの俥屋の倅もいたし、今川焼き屋の娘もいた。むろん、さまざまな飲食店や、大工、左官、鍛冶屋、畳屋、ありとあらゆる職業、階層の子弟がごちゃまぜで、教室はそのまま、さながらに「浮世」の縮図といってよかった。（二六ページ）

したがって服装もまちまちで、革靴にランドセルという安田のような児童はごくごく少数派で、多くは、「板裏草履に風呂敷包み」をかかえて通学していた。板裏草履とは、底に板を貼付けた草履で、今日ではほとんど見ることはなくなった。風呂敷包みとは、教科書・文房具をくるんで登下校していたことを指す。安田の服装は、洋装であったが、革靴とランドセルということだけで多数派との違いは明らかだ。多数派は、貧しい自営業、職人、労働者の子弟であったから、着物姿の子どももいたし、ほかの東京中の小学校も似たようなもので、まだ給食の制度はない。給食は戦後のことだ。

豪華弁とドカ弁

昭和初年と欠食児童の存在は、後世の歴史を知るわたしたちにとって容易に結びつきやすい符合ではあるが、断片的なリポートは報告されているものの、しかとした実態はあまり知ることはない。ところが安田の文章には、そんなことは、いつの時代のどこの国のことだと思わせるものがあった。

赤鍋和子と同級になったのは嬉しかったが、それで、一つ困ったことができた。彼女のお弁当である。花模様のついた綺麗なお弁当箱の、勿論《もちろん》、おかず入れとは別々の、いうなれば二段弁当の、そのまたおかずが凄《すご》いのだ。さしずめ「弁松」の幕の内といった按配《あんばい》で、やはり、花模様入りのお湯呑みを添え、それらを、大ぶりの白麻ナプキンに包んで、昼休みの直前、女中が学校まで、うやうやしく――という感じに私たちには見えたのだが――届けにくるのであった。(二七ページ)

赤鍋和子とは、風呂屋の娘で勉強ができて、美しく、しかも歌がうまいとくれば、全校の男子児童が注目するのは、いわば当たり前のことだったろう。小学校二年生であれば、まだ色恋の感覚はさほどないにしても、安田少年をはじめとした男子児童にとっては気になる女の子であった。しかも、裕福な家庭の子となれば、何ごとにつけ目に入ってきただろう。おそらく、現在の小学校のどこにも、こういう女の子はいるはずであるし、男子児童であればだれしも一人や二人（あるいはそれ以上）、気がかりな少女がいたにちがいない。幼稚ではあるけれど、淡く、可憐な想い出をだれしも持てたのは、幼年時代の特権であった。

ところで、この赤鍋嬢の弁当は、とてつもなくすごい。わたしは、これまでこのような弁当と出合ったことがない。今日のデパートで売っている、格好ばかりよくて、さほど心のこもっているようには見えない弁当からすれば、一体この弁当は、想像をはるかにこえている。

それにひきかえ、私の弁当ときたら、生涯、手のこんだ料理などに興味を示さなかった母親のお蔭で、御飯の間に、海苔と鰹節《かつぶし》を二重、三重に敷きつめた「海苔だんだん」でなければ、煎《い》り玉子に、焼け焦げ跡のついたたらこ、塩昆布が少々、といった類ばかり、そっと覗《のぞ》いてみただけで、蓋《ふた》を閉めて、学校のそばのパン屋のジャミパンでごまかし、家に帰るなり、玄関先から、ランドセルごと弁当箱を抛《な》げつけて、くやし涙にかきくれるといった始末だ。（二七・二八ページ）

安田少年の「海苔だんだん」弁当やほかのものだって、それなりのレベルであったと思えるが、赤鍋嬢のものと比べたら、やはりくやしかったのは分かる。なぜ彼は、くやしかったのかというと、もう少し手のこんだものを食べたかったということだ。安田少年の弁当は、昭和三十年代のわたしたちとほぼ同じレベルなので、赤鍋嬢のものを見なければ、けっして不満に思うほどのものでもない。なお、引用文中の「ジャミパン」とは、ジャムをはさんだパンということである。何としても、昼食の向上を望む安田少年は、昭和初年のトンカツ・ブームにのって近所にできたトンカツ屋に目をつけた。

揚げ立ての上トンカツとキャベツを、もちろん、御飯とは別々のおかず入れに入れ、薬の空瓶にソースをたっぷりつめて、昼休み前、女中が届けてくれることになった。お蔭で、赤鍋和子にたいする劣等感から解放され、俄然、生気をとり戻したのだが……。弁当をめぐっては、実はもう一つの思い出があり、またまた、やりきれない自己嫌悪に陥るはめとなる。（二八ページ）

トンカツに目をつけたといっても、それを食べたことがなければそう思うこともないし、たとえそれを弁当にしたいと思っても、小学校二年生にそれを簡単に許せる家庭はそれほど多くはなかっただろう。安田の家は、それができたのである。

ところで、安田のトンカツは、十五銭の上トンカツとある。並は七銭とあるので、かなり上等である。ちなみに、『完結　値段の明治大正昭和の風俗史』（朝日新聞社、昭和五十九年＝一九八四年）にはトンカツは出ていないが、「昭和五年のコロッケ二銭」と出ている。つまり、上トンカツは、コロッケ一個の七・五倍もした。安田の文章では、上トンカツの昼食がどのくらいの頻度であったのか書いてないが、週に一、二度であったにしても、かなり豪勢な昼食であった。

安田のもう一つの自責にかられた思い出とは、当時、一つ机で二人が坐る隣席のだんごや君にまつわるものである。だんごや君の弁当は、いわゆるドカ弁であった。ドカ弁とは、土方弁当のことである（かつて建設・土木業に従事していた労働者を指していたのが、土方という言葉だった。そのニュアンスには、侮蔑的なものがあったため今日では使われていない）。それは通常の二倍ほどカサのあるもので、肉体労働をする建設・土木労働者は、体力の消耗が激しいのでそれくらいのご飯の量が必要だったことから、それを持ってきていたことに由来する。

問題は、ご飯の量ではなく、その上に何がのっているかであった。だんごや君は、いつも弁当のフタを斜めにし、しかも袖で隠してしまうので、おカズを何にしているのか、隣席の安田少年には分からない。隠せば隠すほど見たくなるのが子どもである。ある日、わずかのスキを見つけて、フタを払いのけた。ご飯の上には、紅生姜の刻みがびっしり散らしてあった。この瞬間、安田少年は、「しまった、余計なことをした、という自責と悔恨で」「真っ蒼になってしまった」のである。

悪意のないイタズラとはいえ、のぞいてはいけないものを見てしまったことは、どんな少年でも分かった。自責と悔恨の念をどうにかつくろうと、「好きなもンおもってやる、遠慮なしいえよ」とはいいはしたものの、後ろめたさはしばらく消えなかった。この「おもってやる」とは、「おごってやる」ということだ。

だが、昭和初年といえば、「欠食児童」という言葉が、一つの流行語となったほど、昼の弁当をもってこられない子どもたちのことが、大きな社会問題となっていた時期である。だんごや君の紅生姜弁当は、真っ白な米がびっしりつまった立派なドカ弁だったじゃないか、と私はいま、そのことを、救われる想いで思い出す。（三一ページ）

この引用は、いささか苦しい弁解だが、こうまでいわないと、安田少年の気持ちがおさまらないのだろう。

露店の商人と「東京音頭」

小学校のまわりは、露店が多く出ていた。小ガネをもっている子どもにとっては、いちいち足を止めて賞味したくなるものばかりだ。それにただたんにモノを売るばかりではなく、そこに芸が結びついていたからなおさらだ。

かつて露店の菓子は、すべて「駄菓子」に相違なかったけれど、何かしら夢があり、いうなれば、何より「芸」があった。「作る」だけではなく、「売る」にさえ芸があった。(四一ページ)

露店であったがゆえにそうなったのだが、このころは、芸と商品が結びついていたのは珍しくなかった。安田少年は、飴売りに鮮明な記憶を刻んだ。

箱のなかに二十種に余る飴がずらりと並んでいる。拍子木で板を打ち鳴らし調子をとり、若い姐《ねえ》さんが、それぞれの飴の名に因む歌を唱う。歌につれ、踊るような恰好で、一つ一つ、飴を宙に放り上げ、手にした袋に、ひょいひょいと軽妙に受けて、かなり長い歌が終わった時、ひとわたりの飴が袋に収まって出来上がり。紺絣《こんがすり》

に茜《あかね》の襷《たすき》がけ、手拭いを姉さま被りにした姐さんが、袋の口を紐で閉じて、群がった見物人に売る、とこういう趣向だ。(同前)

この飴売りは、歌い踊りながら飴を売っていた大道芸であろうが、当事者はそんなことにおかまいなく、ひたすら飴を売るための芸にいそしんでいた。例え、それを買うことはなくとも、こうした日常は子どもたちに日々の楽しみをもたらしていた。子どもたちは、大道芸の実演を目の当たりにして毎日を送っていたといっていいし、昭和初期の子どもたちの遊びの空間には、さまざまな大道芸が占めていたのだ。このことはもっと注目されていいと思う。

翌昭和八年(一九三三)、「どうして、突如「東京音頭」が、あれほど爆発的に流行したのか、考えれば不思議なことだ」(一一六ページ)と本書にもあるように、人々は踊り狂った。まさにそれは、踊り狂ったといっていいようなものだったらしく、「陽の傾くころから深更まで」(同前)に及んだという。「東京音頭」とは、現在、ヤクルト・スワローズの応援歌になっているもので、一度聞けば、すぐ歌うことのできるものだ。どういう踊りがついていたのか、くわしくは忘れたが、それほど難しいものではなかったように思う。

「東京音頭」は、昭和七年十月一日、東京市が周辺八十二カ町村を合併し、東京三十五区となり、いわゆる「大東京」となって、東京市は五五〇万人の人口を数えることになったのを記念してつくられた。

それが爆発的にはやったことは、さまざまな人が記録しており、なぜこのようにはやったかについても当時から諸説とりざたされていた。今日では、地方出身者も二代目にさしかかり、彼らが東京を故郷として、この盆踊りにその存在意義をこめたからではないか、というのが有力のようである（筒井清忠『西條八十』、中央公論社、平成十七年＝二〇〇五年、一九一ページ）。

安田は、なぜ人びとが「狂ったように」輪をつくっていたのか、その答えについてはふれていないが、彼は、「いまでも、私は仕事で疲れた深夜、ひとり風呂に入っている時など、ヤーットナー、ソレ、ヨイヨイヨイと唱和する人声が、遠い潮騒のような幻聴で聞こえ」てくるほど、耳に残ってしまった。

この陽気で明るい詩とメロディ、そしてリズムは、踊る人をなぜか有頂天にし解放的にしてしまうものがある。これこそ、当時の庶民が求めていたものではないかと思うが、幕末に大流行した「ええじゃないか」の深層心理に共通するものがあるのではないかと思える。牽強付会の誹りを承知でいえば、それは天下大動乱の予兆の何たるかをしらずしらず反応していった庶民の身悶えのようなものではなかったろうか。

昭和十年代旧制中学生のグルメ

最初の東京ウォーカーでもあった永井荷風は、夜な夜な銀座などを徘徊した世情ウォッチャーであった。荷風は、『濹東綺譚』「作者贅言」で次のように書いた。「銀座通りの裏表にところ択ばず蔓衍したカッフエーが最も繁昌し、また最も淫卑に流れたのは、今日から回顧すると、この年昭和七年の夏から翌年にかけてのことであった」と。

安田は、カフェーは昭和七年（一九三二）には全国で三万軒あり、そのうち東京には七千軒、女給の数は二万二千人いると記している。男たちの新しい遊び場＝カフェーが一方ではやるとともに、すでに昭和六年九月、満州事変、同七年一月、上海事変と少しずつ侵略戦争の足音が市民の周辺にこだましていたのである。

「百貨店でも売子の外に大勢の女を雇入れ、海水浴衣を着せて、女の肌身を衆人の目前に曝《さら》させるようにした」と、荷風は書いている。端午の節句の武者人形に、爆弾三勇士を飾る百貨店は、また若い「女の肌身を衆人の目前に」陳列する百貨店でもあった。（六七ページ）

昭和七年、銀座のデパートでは、この引用のように、爆弾三勇士の人形と若い女の肌身が同居していたのだが、まち行く人たちは、それをしごく当たり前のこととして受け取っていたことをこの描写は明らかにしている。今から思えば、なぜこのような異次元とも思える光景が交錯してしまったかというと、戦争はまだ、遠い外地のできごとだったからである。つまり、他人事だったのである。庶民は、わが身に火の粉がふりかからないかぎり、その恐さを知ることはないのである。彼らは、戦争事態のなかに巧みに取り込まれていたわけである。

安田は、昭和十一年（一九三六）、中学生になったが、それでもまだ、戦争は他人事で、いろんな遊びの味を覚えるのに忙しかった。とうとう、中学の終わりごろには酒の味を覚え、いっぱしの食通ぶるようになっていた。

以後、私は、毎夜、浅草へ通いつめ、天ぷら、おでん、鮨《すし》、やき鳥、数十店余（昭和十四年の『浅草繪圖』で約六十軒）に及ぶ「屋台」を片っ端から食べ歩いた。ここの屋台の親仁たちの「きっぷ」が、いかにも浅草であった。勘定を済ませ、暖《の》簾《れん》をわけて出る間髪を容れず、「いってらっしゃい」と声がかかるのだ。ドスのきいたのど、その呼吸、間のよさ、思わず胸にこたえて、そぞろに蕩心《とうしん》をかき立てられ

る。（八三ページ）

このような、いわばややキザな行動に出る羽目になった安田の背後に、彼の叔父さんがいた。この叔父さんにそそのかされて、中学生にしては軟派の不良の行動に出たわけだが、この当時、浅草にこのような数の屋台があり、それを片っ端から食べ歩いた中学生がいたという驚きである。たとえ、それがまったくの少数派だったとしても。

浅草の屋台が、昭和十四年で約六十軒とあるが、この数の意味するものは、同地が東京の盛り場としていぜん栄えていたということだろうし、夜な夜なそこに遊びに来る庶民がいた、ということでもある。

そして安田にとってのこのような「冒険」はおとなへの第一歩でもあった。つまり、「蕩心」がかき立てられる年ごろになったということである。それは、一人の相棒を同級生にもつことによってとどまるところを知らないようになっていく。少々長いが、次の引用で当時の庶民のささやかな贅沢が、どんなものであったのかが垣間見える。

「松若」って、旨いトンカツ屋があるんだ、とくに舌シチューが旨えぜ。七丁目の「長寿庵」の二階に、イタリア料理専門の店ができて、ここのスパゲッティは格別でね、と新野が兄たちから仕入れてきたにちがいない「通」ぶりを披露する。

私だって、敗けてはおられぬ。トンカツなら、新橋駅前の「好々亭」、狭い店だけど旨いぜ。第一ホテルの地階のグリル、ここの舌平目のバタ焼きが上等なんだ。ソースが実によく出来てる。コーヒーは、やっぱり「耕一路」に限るな——おおよそ、こういった議論が白熱化した後、じゃ、何時にまた、ということになる。

やがて、歌舞伎座や新橋演舞場の「文楽」引っ越し興行から、清元や小唄の温習会でたとえば、浜町河岸の日本橋倶楽部などへ、頻繁に通うようになると、食べる方も一段と小なまいきになって、人形町の路地裏にある小料理屋の「浜川」とか、築地小田原町の「徳十」とか、まず金ボタンの中学生は似つかわぬ場所柄へ、怖じ気もなく出入りするようになったものだ。(一六二・一六三ページ)

この「小なまいき」さは、二人の中学生の特権であったが、多くの中学生はもっと地味であったろうし、安田もいうように二人は、当時いわれていた「不良」学生のジャンル「硬派」と「軟派」にも当てはまらなかった。どちらかといえば、軟派であったろうが、軟派は色ごと専門と見られていたから、やはり正確には当てはまらない。しかも、二人は級長と副級長であったから、休み時間に歓楽街の食通ぶりの自慢話をおおっぴらにされては学校当局としては看過することはできなかった（後に、安田は中学を放校され、神戸三中へ転校する）。

今でいえば、二人の中学生の食通趣味は相当レベルが高い。まず、週に一、二回であっても、若い職工さんや商家の若い衆には、なかなか手の届かないものであった。それにしても浅草の屋台でもふれたように、銀座・新橋・有楽町などには、食通を満足させる店があり、それを目ざして客が集まったということは、店を維持するほどの、食通がまだいたということでもある。別ないい方をすれば、「健全」な市民社会はどうにか生きていたのであった。

それにしても、都会の中学生は、中学生ながらいいものを食っていたなあ、というのが戦後の地方の小都市に育ったわたしの感想である。二人のために弁解すれば、彼らの行った店はずば抜けて高かったわけではなく、俸給生活者がふつうに行けた店であった。

宝塚も築地小劇場も

昭和九年（一九三四）春、安田は父の奉天における事業開始にともなって満洲へ引っ越したものの、たちどころに神経衰弱になり、帰国したとたん、たちまちいとこたちの「ヅカ熱」に感染してしまった。宝塚歌劇にまったく興味のない人間にとって、どこが面白いのかまったく分からないが、一度感染してしまうとなかなか抜け出せなくなった。

舞台に演じられる異国の男女の物語が虚構ならば、それを演ずる少女の「性」も、架空のものにすぎないのだった。そして、客席を埋め、休憩時間のロビーを埋める観客の少女たちの多くが、何か絵空事めいていた。ようやく目醒めつつあった私の「性」も、まだ一つの絵空事でしかなかったのだろう。いささかこじつけていえば、これも「嵐の前の平穏」であったのかも知れない。（一三〇ページ）

宝塚歌劇とは、部外者からみても、「絵空事」に熱中するところであるらしいことは分かる。その絵空事にうまく入れるかそうでないかによって、その評価や印象はちがってくるが、この当時、少なからずの数のヅカファンがいたということである。熱中する層は、そこそこ小遣いをもっている人たちであろう。まして、舞台に通えるとなると、それだけ余裕のある人たちである。昔から、商家をはじめとして裕福な家では、一家そろっての観劇を楽しみとしていたことが当たり前のこととして語られているが、確実にそういう層がいたという事実は、縁のない人間を驚かせる。

昭和十一年は二・二六事件のあった年だが、安田は、「宝塚」に熱中しながら、その年の春、中学に入学し、知り合いの大学生に連れられて、初めて築地小劇場に足を運んだ。その舞台を初めて見てたちまち、「熱烈な支持者」ともなった。しかし、安田は、宝塚と小劇場の双方に入れあげていることに、「格別、内心の矛盾を感じていなかった」（一四三ページ）し、昭和十五年夏に、築地小劇場の公演を運営していた二つの劇団が解散させられるまで、「欠かさず観ていた」のである。

安田は、「土」（原作・長塚節）を見て、「単なる演技以上の何かを観る思いで、心うたれ」「（一四四ページ）、「夜明け前」（原作・島崎藤村）を見て、「演出のみごとさに、私は息をのむ」（同前）のであった。小学校時代、教室で落語を一席うかがった安田は、もうここにはいない。

そもそもプロレタリア運動そのものが、すでに終息《しゅうそく》していたといっていい。けれども、築地小劇場という、あの小さな劇場には、激しい嵐に吹き倒されそうな、文字通りの「小屋」を、舞台の人と観客の双方が、渾身《こんしん》の力を合わせて、必死に守ろうとしている、そういう同志的共感が流れていた。流れている、ということが、「何も知らない」少年にも、よくわかるのだった。（一四五ページ）

安田は、少年から青年へ成長しつつあったのである。ときに児戯に等しい行動をとることはあっても、急速におとなになっていった。
昭和十年代の初期、制約がありつつも、上演の「自由」とそれを観賞する「自由」がまだあったが、二・二六事件の勃発は、日本の未来を暗く不気味な予兆として予見しえた人は、ごく一部しかいなかった。昭和十五年（一九四〇）十月、全国のダンスホールが閉鎖され、市民的「自由」がますます失われていった。

――「夜のタンゴ」が流れていた。黒いビロードの襟に白い兎か何かの毛皮のついたハーフコートを着た若い娘が、電蓄の上に片肘《かたひじ》をつき、タンゴのリズムに小さく首を振っている。外はドシャ振りの雨だった。客の洋傘から滴る雨水が、セメントの床の上に、次第に大きく地図のような流れを描いていった。娘は、ほとんど無意識に、ハイヒールの爪先で擦るように、その雨水の地図を拡げている。きれいな脚をしていた。（二〇〇ページ）

この回想は、ダンスホールが閉鎖された直後、本郷の青木堂というバーに、フロリダのダンサー数人が転職してきたころを描いたものである。タンゴという音楽じしんが、そもそも官能的であったから、いやな現実からいっとき抜け出したくなる気分にひたるには、もってこいの音楽であった。暗くやるせない当時の心境と、タンゴはおそらくピタッと合っていたのだろう。安田の回想は、はるか時代がへだたったものであるにもかかわらず、引用には切迫した心理の暗喩が鮮やかに描かれていた。日本はもはや後戻りのできない地点をとうに通り過ぎていたのである

それにしても、タンゴを静かに聞いていた、「きれいな脚をしていた」ダンサーの娘は、その後どのような人生を送ったのだろうか。やがて、その「きれいな脚」も人前でさらすことができなくなるだろうし、タンゴも大っぴらで聞くことすらできなくなるときが迫っていた。

学園最後の「自由」

本郷中学を「単純で他愛のない」事件で退学することになった安田少年は、兵庫県立神戸第三中学へ転校することになったが、東京のどこの私学に入れないための苦肉の策であった。神戸三中は補欠で四年生の募集があったため試験を経て入学することになったものの、入学前からつまづいた。やっと入れた神戸三中の制服は、カーキ色でゲートルをまいて登下校という規則のほか、文部省の方針に忠実でやたらやかましい規則の網がかかっていて、安田はたちまち「要注意」生徒となってしまった。

「要注意」生徒から退学という決意をするに至ったきっかけは、夏期錬成中にジフテリアにかかってしまったことだ。夏期錬成とは、軍事教練の延長で、姫路の陸軍の連隊兵舎で一週間の宿営生活をしながら、将来の一兵卒としての演習、内務班生活を体験することであった。一週間後、ジフテリアにかかっていることを医者がいち早く発見し、血清によって回復したが、予後は安静をいい渡された。

その旨の診断書をもって、その後の夏期錬成の免除を担任に願い出ると、言下に「それはだめだね」「診断書も受け取れぬ」ということになった。進退きわまった安田は、退学を決意し、そのまま帰京。「もうどこの学校へも入らない」と両親に頑強にいい張った。

それは、安田少年のこれまでの二中学校における退学の経緯を本人の身になって考えれば、これ以上、自分の意にならないことを受け入れてくれる中学校はないだろうと考えたからであった。「どこへも入らない」といわれても、両親はこのままにしておけず、関係者のはからいで東京・白山の私立京華中学に入学できるようになり、安田少年は次の三条件を立てた。

（一）転入学のための試験は受けない。

（二）月曜日は登校しない（週に六日も学校へいっていたら、この大事な時に、人間が馬鹿になっちゃう、とあけすけに私は言った）。

（三）学校には学校の教育方針があるだろう。私には私の自己教育について信念がある。それは、たぶん両立しないだろう。そのため、またまた退学騒ぎが起こっても、私に責任はない。（一九四ページ）

この三条件、拒否されることを前提に出されたものだが、安田少年の意に相違して、受け入れられてしまった。この三条件、どうみても、京華中学以外では言下に拒否されても仕方ないものだろう。おどろいたのは、条件を出した当人だった。「私ひとりが、むしろ唖然となっていた」のである。これは、昭和十四年の九月のことである。

翌年、安田少年は晴れて五年生になったが、新学期早々、皇国史観の大本であった東大教授平泉澄の門下生二人が、国史教師としてやってきた。

この二人の超愛国者ぶりに、私たちは、まったく辟易《へきえき》したものだ。教壇に立つなり、まず皇居の方へ向かって、深々と最敬礼をし、次に本居宣長、藤田東湖あるいは吉田松陰といった人物の愛国歌を一首、声をかぎりに朗吟《ろうぎん》してから、ようやく授業にとりかかるといった按配《あんばい》なのである。（一九七ページ）

毎回毎度、こんなことをやられたら、「何とかならないか」と思うのは、中学生ならずともごく普通に考えることである。そうして、一学期末の国史の試験ボイコットの目論見が自然と起こった。そしてそれは実行に移され、「まったく一人の裏切りもなく、全員が白紙答案を提出した」のだった。むろん、職員会議で大問題となったが、生徒たちは次のように反論した。

私たちは、両教師の思想内容にたいする批判を、いっさい口にせず、ただ、この先生方のような国史では、上級学校受験の際の差し障りになる（実際、そう考えていた生徒もいたと思う）の一点張りで結束し、押し通したのだった。（一九八ページ）

中学校側は、何とか二人の教師を説得して辞めさせたのだろう。夏休みが終わり、新学期が始まると、二人の国史教師はいなかった。「皇紀二千六百年の祝典で、日本国中が沸き立っていた時、東京は白山の一私立中学で、事実あった話」（同前）なのである。

昭和十六年三月、安田少年は、東京の文化学院へ入ることになった。この当時、文学部長・佐藤春夫、文芸評論・小林秀雄、哲学・三木清、社会学・清水幾太郎、法律・末弘厳太郎という錚々たる教師陣で、そのうえ男女共学だったことも志望の動機であった。

入学して間もない日。昼休みの校庭に、ひとりボンヤリ突っ立っていると、「こんなにたくさん美しい女の子がいるのに、どうして、一緒に遊びませんか」と、肩を叩かれた。（二〇三ページ）

肩を叩いたのは、西村伊作校長だった。「美しい女の子」とは、女学部の一年生、今日でいえば中学一年生の女の子たちだった。安田少年は、小学六年生を二度やっているし、三度の中学転校で、この年、十八、九歳になる。早くどこかの認可された大学へ入らないと徴兵年齢に達してしまう。それとともに、前年の夏に出会った一人の少女のことのほうが、文化学院の「美しい女の子」よりも、大学「受験」よりも切羽詰まっていた。

恋と出陣――猶予時代の終わり

昭和十五年（一九四〇）夏、安田はある女学生と出会い、狂おしいばかりの恋に陥る。かならずしも一方的ではなかったが、親の許しなく彼女に近づくことはできないのが当時の作法であったことは、今では容易に想像できないことである。電話をすることも手紙を書いて送ることも、何もできなかったのだ。そういうことは、よほど理解のある両親か、婚約している場合以外できなかったのである。そうであるがゆえ、安田はより狂おしくなっていくのである。

それに、二十歳になれば、国民皆兵の制度により、兵営に送りこまれるのは、徴兵検査に合格した男子であれば避くべからざることでもあった。大学生や専門学校生には、数年の徴兵猶予があったとしても、いずれは一兵卒として入隊しなくてはならなかった。残された時間はあまり残っていない。安田にとって、ままならぬ事態が日を追って迫ってくるのである。

——煩悶の一年半後の十二月三日、彼女についての告白小説百余枚を書き終え、製本にまわした。数日後、それを彼女に送り、届いたであろう日は、八日だった。その日は朝から、ラジオが開戦を報じていた。


数寄屋昌子にあてた百二十六枚の「小説」、それが反故になっていた。昨日までの現実は、今日、いっさい「反故」に等しい。すべては畢《おわ》った。そう思うしかない苛酷な「歴史」の冷厳な現実がある。正午になって、宣戦の詔書が奉読された。(二一九ページ)

戦争という巨大な生きものたちの「闘争」が、一人の青年のみならず、日本中をまきこんでいった。この事態から逃れる術は、だれにもなかった。そして、安田は、嘆じた。

わけのわからぬ涙が、とめどなく流れてやまない。終わった。終わったのだ、とただそればかりを、幾たびも心に呟いていた。（二一九ページ）

安田は、昭和十八年十月、学徒の一人として出陣していった。

昭和二十年八月十五日の早暁。安田の部隊は、若い中隊長の拙劣な作戦指揮により、三分の一が戦死し、三分の一が負傷した。戦力として全滅に近い打撃を受けたが、彼は、わずか十センチの差で生き残った。十センチ隣りにいた戦友がソ連部隊の狙撃手に頭を射抜かれ、即死したのだ。正午に「終戦の詔勅」がくだり、戦争は終わったものの、安田の部隊は敗戦を知らされず、彼は全滅部隊の生き残った一員として、あと四日逃げ延びなくてはならなかった。八月十九日、安田たちは敗戦を知らされ、武装解除ののち捕虜となり、彼は二年後、復員した。

粋な労働者と職人のいたまち――小関智弘

小関智弘（一九三三～）が、作家として注目されたのは、二作目の『春は鉄までが匂った』（晩聲社、昭和五十四年＝一九七九年）であった。同書は、版元がかなり力を入れたルポルタージュ・シリーズのひとつで、そんなシリーズが企画されたのも、まだ出版界も元気で、ベストセラーにはとうていなりそうもない、いわゆる社会派の地味な著作がそれなりに活況を呈していた。このシリーズは、その代表例だったかもしれない。『春は鉄までが匂った』の主人公は、小関の仲間である労働者・職人たちである。ほとんどは、中小零細な町工場で働く人たちで、彼らこそこれまでの日本の金属加工業を底辺で支えてきた。

わたしが同書に注目したのは、「鉄が匂う」ことは子どものころから体験的に知っていたからだ。わたしが育った川口は、明治以来、鋳物工業を中心とした金属加工業のまちだったから、春になると、子どもでもそのことを知るようになっていた。

小関の同書と出会ってうれしかったのは、春になると鉄が匂うのを知っている人がいたことだった。それまで、子ども時代は別にして、そんなことをいう人はいなかった。そのうえ、小関の仕事が旋盤工であったことがまたうれしかった。川口には、旋盤の土台をつくる大きな鋳物工場が荒川土手のすぐ下にあった。ここは、日本の旋盤のパイオニア的メーカーの工場で、数百人の労働者が働いていた。

小関がノンフィクションとして書いたのが、『大森界隈職人往来』（朝日新聞社、昭和五十六年＝一九八一年、のちに、同社文庫）であった。

「弁当危機」の小学校

モノ心ついたときのことをよくおぼえている人というのは、結構いるものだが、わたしの場合、それがさっぱりである。四、五歳のころ、近所の子どもたちと竹の竿でチャンバラ遊びをしたぐらいのことは明瞭に記憶にあるのだが、その前後がまったくない。一体、何をしていたのか、おそらく日々遊び暮らしていただけなのだろう。

ところが、『大森界隈職人往来』には、学齢期以降の幼少時の記憶がけっこう書き残されていて、さすが作家のものはちがうと思ったりする。なんでそうなるのかと問われれば、いくつかその理由をあげることはできるだろうが、ひとつには子どもながらよく観察し、記憶していたからではないかと思える。

さりながが、所詮、それができないのが、わたしを含めて大多数なのだ。例えば小学校は、社会の縮図といわれているように、さまざまな職業をもつ親の子どもたちがいて、その一部が次のように書かれている。

学校区のなかに、大森海岸の国道沿いに並ぶ大きな料亭や見番も含まれていたから、待合から通ってくる子もいた。芸者の子、妾の子とからかわれては泣きべそをかく女の子も多かったし、幇間の子だと陰口をいわれた子は、先生が入ってくるまで教壇に坐り込んで落語の真似をしてみせた。そういう町だから、当然のこととして髪結いの子、人力車夫の子もいたのだった。(五四ページ)

この文章は、公立学校もひとつの社会のあらわれと子ども心に気づいたことを意味するが、子ども時代に、たとえうっすらとしたものであれ、自分とはちがう子どもがいるということを認識するのは大切なことだ。そんなことを少しも考えずに子ども時代を過ごしてしまうのが、昔も今もありうるけれど、個人の人生にとって何ごとかを左右してしまう重大な根拠が生まれうると思える。

小関は、級友の親たちの職業についてかなり覚えている。それには、ひとつだけ理由があった。戦争による日々の生活の締め付けがまちのなかに少しずつ浸透し、そのうち子どもたちにとってもいやでもそのしわよせが目についたからである。

お昼の弁当の時間に、弁当箱をあけっぴろげにして食べていた仲間たちが、いつの間にかこそこそと隠れるようにして食べる者が現れる。両腕で弁当箱を抱えるようにして隠す子、蓋を全部取らずに食べる子。それは、食糧事情の悪化にともなって、子ども達が自分の弁当のなかを見られるのを恥ずかしがったからだった。（五七ページ）

子どもたちが、弁当の中味を隠すようになったのは、小関によると、「戦争が激しさを増すにつれて」ということだから、開戦後のことだろう。それ以前には、昭和二年（一九二七）の金融恐慌と五年以降の世界恐慌の二回、全国に欠食児童が頻出した。この二つを合わせて昭和恐慌ともいわれたが、昭和十六年（一九四一）十二月のアジア太平洋戦争の開戦によって、徐々に物資が乏しくなり、弁当危機が訪れ、敗戦までつづいた。

まだ少しは平和な時代は、おかずが豪華か、そうでなかったのとちがって、この引用では、ご飯じしんの中味が子どもたちそれぞれで異なっていた、という決定的な時代による格差である。小関は、「白いご飯のなかに麦が増え、あるいは玄米のような黒い米に変わり、やがてさつま芋や豆カスが炊き込まれた」といっているが、飽食の現代に、この記述内容のことが少しは分かるのは、おそらく七十代以上の人たちだろう。とはいっても実際に、白米に麦を混ぜたり、玄米飯になったり、芋や豆カスで増量したご飯を食べたことのある人は少ないだろう。これらのご飯は、うまいものではない。

それ以上に、こたえたのは、そういうものを食べなくてはならなくなった子どもたちに与えた屈辱感だった。中学生ぐらいになれば、この屈辱感をいくらか制御できても、小学生には難しかった。そのため引用のように、弁当のなかを見られないようにして、それを少しは和らげようとしたのである。しかし、戦争がさらに苛烈になっていくと、事態は明らかに逆転していった。

　それがどんなことが契機になったのかは思い出せないが、やがて、弁当箱を隠す行為は逆転する。芋や豆カス入りの子どもは弁当箱を堂々と拡げて食べ、白米の子どもが隠す。（同前）

このように白米組が少数派になったのは、子どもたちの間に、なぜその子らだけは白米が食べられたのかと、疑心暗鬼が生じたからだ。その疑念は親たちの間で広がっていたものが、子どもたちにまで伝わっていったものだろう。昭和十六年（一九四一）四月から米の配給制度が始まっていたから、どこの家庭でも決まった量しか配給されない。それは十分な量とはいえず、足りない分を芋や豆カスで増量してしのいでいたのが普通であったから、いつも白米の弁当を持ってくる子どもの家庭は、どこかで不当な方法で米を手に入れているにちがいない、とだれしも思う。子どもたちの後ろめたさが弁当箱を隠してしまった。だが、芋と豆カス入りのご飯も満足に食べられない時期が否応なくやってくるばかりか、子どもたちの一部が都市爆撃に巻き込まれていく。

町工場の記憶

町工場《まちこうば》とは、中小零細の工場のことである。わたしの体験でいえば、せいぜい十人内外の労働者を擁する工場がそうである。わたしの知る町工場は、かつてはまちの人たちに開かれていた。大企業の工場のように守衛さんがいるわけでもなく、門はいつも開け放たれていたように思える。開け放たれた門から奥で働く労働者数人が、機械に取り付いて何ものかを作っているのがよく見えた。

小学校時代の級友にK君がいた。一族で歯車製作所を経営していたが、彼はそこの長男だった。彼とよくその工場のなかで青年労働者がグラインダーを使うのを眺めていたことがある。何を研いでいたのか覚えていないが、青年労働者が動力のスイッチを入れると、固い布のベルトが静かに音をたてて動き出し、グラインダーが勢いよく動きだした。そこは小さな町工場とはいえ、さまざまな機械や装置が動いていて、工場全体はまるで生き物のように活動的であった。

小関少年にとって、工場というところは、学校とも、自分の家ともちがう環境であるところから、子どもには珍しさから興味を引くものがいくらもある。とはいえ、子どものもつ興味など他愛のないものでしかない。

熔接工場では、鉄が夜店の飴細工のようにちぎられ、くっつけられ、曲げたり伸ばしたりされた。それは少年のわたしには、魔法をみているようだった。年に一度の夏祭りで、小指で鉄の火箸を曲げる怪力の男をみたことはあったが、熔接工場のおじさん達は何も口上をいうわけでも、見物客からお金を取るでもなく、朝から晩まで鼻歌をうたいながらそれをやってのけていた。(五七ページ)

わたしの記憶のなかの町工場のおじさんたちは、一家を支えるために苦労していたはずなのに、そういう屈託など微塵も見せず磊落に見えた。子どもに大人のそうしたことは分かろうはずもなく、ただ町工場のおじさんたちは寡黙に何かを押し殺していたのだろう。記憶にあるそれらの工場の天井は高かった。そのため、工場のなかは暗かった。機械を操作するためには、労働者の手元周辺に光が当たっていればよかったため、工場内全体を明るくしておく必要がなかったからだろう。

雨の日も晴れの日も、町工場のおじさんたちは、薄暗いなかで機械や治具を使って何かを作っていた。そんなおじさんたちの一人は、何かの折りに、工場の闇から陽の当たる明るい所へ出てきて、大きく伸びをした。悲しみも喜びも、一切飲み込んだような、見事な伸びであった。子どものわたしには、とうていできそうにないその姿に見惚れてしばし立ちつくした。

町工場だけでなく、大工場の労働者がどんなことを考えているのか世に知られることは少ない。小関が小説やエッセーでわずかに活字として残しているのは、おもに中小零細の工場の体験である。なぜそうした記録が残らないか、ひとつだけ気づいたのは、彼らじしんが少しもそうしたことを残そうとしない、ということである。あるいは、そもそもそんなことすら考えていない、ということだろう。つまり、わたしのように考えていることのほうが特異なのだろう。とはいえ、わたしは労働者文学をもっとはやらせようなどといいたいためではなくて、世に棲む一人として彼らがみずからを語っていくことが何ごとかを突き動かしていくのではないかと夢想しているからだ。

まちの匂い

わたしたちの小学生のころの行動範囲は、時間にしてせいぜい片道五〜十分くらいで行けるところだったろう。高学年になるにつれて少しは時間が延びることはあっても、タカが知れている。かほどに、小学生の知りうる世界なんて狭小なものであるから、まちのことをどのくらい記憶しているかとなると、かなり心許ない。

ただし、小関が世に知られるようになった『春は鉄までが匂った』が出版された時、わたしはそのタイトルの意味がたちどころに分かったのは、川口に鉄はあちこちにあったから、春になり、温気が上がると、湿度が上がりだす。すると子どもたちは、鼻を鉄に近づける。すると、鉄はなまめかしく「ニオウ」のである。これは、子どものころから経験していたことなので、わたしはことさら不思議にも思わなかった。小関の同書に、その種明かしがされているように、鉄が匂うのではなく、鉄が空気に触れると何らかの化学変化が起こってそうなるらしかった。

鉄が匂うといっても、ごく微細なものでしかなく、しかも心地いいものでもない。樹木が発する樹液のようなニオイで、なまめかしく、性的な感受性を刺激するといっても的外れではない、と思っている。このニオイと春は、見事に合致して、その時期になると大気の湿り気すらエロティックになっていくようであった。

もうひとつは、カーバイドの匂いであった。

いまひとつの匂いは、熔接工場のカーバイドだった。カーバイドは、祭りの夜店のアセチレンガスで知っていた。熔接工場は、ムギコガシの工場のすぐ近くにあった。工場の近くでは、いちねんじゅう夜店の匂いがした。ツーンと鼻の穴を突き抜けてゆくカーバイドの匂いは、鼻をくすぐるムギコガシとは違って、ずいぶん嫌な匂いだった。（五五ページ）

引用では、熔接工場のカーバイドであったが、わたしの場合は、川口のどこの工場の地面に敷かれてあったのがそれではないかと思っている。なぜ、どこの工場の地面にしかれていたのかよく分からないが、今ではすっかりそのいやな匂いは忘れてしまった。小関もいうように「ツーン」とくるものだったことはよくおぼえている。その昔は、引用のように夜店の明かりであるアセチレンガスの煙りで、「ああ、そうだったのか」と思い出すことがあったが、最近は、夜店の明かりはすべて電灯になってしまったため、すっかり忘れてしまった。

もうひとつは、機械油だろう。この油は、機械の回転をよくするためには必須のもので、工場のなかに入ると、まずしてくるのは、この油のニオイであった。カーバイドほどいやなものではなかったが、衣服につくと、なかなか落ちなかった。そんなためにどこの家でも作業服の洗濯は大変で、母親たちは家族のものと別に、ゴツイ石けんを使ってタライで洗っていた。機械油のついた作業着は、そもそも洗濯機で汚れが落ちるほど生やさしいものではなく、女たちは手洗いしていたのだろう。洗っているうちに、油が少しずつ手に移ってくるばかりか、タライ全体に油が浮き出してくる。

もっと苦労したのは、労働者たちじしんだった。機械油を使わない日はなかったため、何年も勤め上げた労働者の手には、しぶとくそれが手指のひだに黒く染み込んで消えなかった。わたしは、そういう手指のひだに黒く染み込んだ労働者たちのゴツイ手のなかで育ってきたので、それが当たり前だと思ってきたが、いつしかそういう環境と縁遠い生活をするようになって、それはすっかり過去のことになってしまった。

町工場の仕事

戦後六年になって小関青年は、東京都立大学附属高校の普通科を卒業した。普通科のため、モノづくりの勉強はしたことはない。さらに高校に就職の募集はなく、就職口は自分でどこかを探さなければならなかった。そして小関青年が、駅の募集広告を見て訪ねたのは、社長を含めて三人しかいない北村製作所だった。小関青年は、ここの見習工として町工場人生の第一歩を始めた。

今ほど高校卒業生の就職口探しに世間がそれほど熱心ではなかった時代とはいえ、小関青年は、社会への第一歩がとても不安だっただろう。社会へ出れば、否応なく新しい人間関係を結ばざるを得ない。いきなり世間の荒波に放り込まれるわけだが、泳ぎを知らない青年が無理矢理水のなかに投げ込まれるようなものだ。泳ぎ方がどんな不様なものでも、何とか水の上に浮いていなければ溺れてしまうから、必死になって水中で足掻かざるをえない。社会人一年生になるということは、そういうことなのだ。おそらく今日でもだれもが経験することなのだろうが、高校を出て遊んでいられない青年は、すぐにでも働き口を探して、社会のなかで生きていかなくてはならない。

小関青年が入ったことで、北村製作所の従業員は四人になった。始業は八時だったが、小関は、七時半に出勤してやらねばならない仕事があった。工場内のモーターを滞りなく動かすために随所にある軸受に油を注《さ》すことだった。

町工場の見習工には、大きな工場のように養成機関があったり指導者がいるわけではなかったから、機械に油を注すことで、機械の構造を憶える、それが町工場の教育だった。ひとつの小さな油孔から、油はどう流れてゆくか。なぜこの油孔は毎日注さねばならず、あの油孔は三日に一度でよいか。この部分はマシン油で、あの部分はグリスなのか。それを知ることは、機械の働きを知ることでもあった。（七九ページ）

引用のように町工場では、見習工とはいえ、大工場のように研修期間があるわけではない。仕事をしながら覚える、というのがどこの町工場でも鉄則であった。どんな小さな町工場でも、作っている製品によって少しずつ機械も工具もちがえば、それらのレイアウトもちがう。見習工は、少しずつそのちがいを学びながら一人前の職人になっていくのだ。ここでわざわざ労働者ではなく、職人というのかということだが、小関は次のように回想しているからだ。

ふたりとも、それからのちにわたしが勤めたいくつもの町工場の人びとと同じように、自分を労働者とは呼ばず、職人と呼んだ。わたしもいつの間にかその癖に染まった。（八〇ページ）

ここにおける職人といういい方には、モノづくりを自分の裁量でする人間というニュアンスがある。モノを作らされているのではなく、あくまでも自分の技量を駆使してつくる、という意味で職人であった。そこには大工場の労働者とはちがうという気負いもそこにはあったろうし、腕だけは負けないという誇りもあっただろう。それがなければ、大工場の労働者とは格差のある待遇や条件下におかれている職人たちが、その劣位をはねのけ、腕につぎこんだ誇りを貫いていくことはできなかった。

北村さんは、何日もかけて作った金型の焼入れをする。道路に、焼入れの油罐が並ぶ。やわらかい油、どろどろの油、ただの水、灰の入った罐。ふいごのなかで赤く灼けた金型を、コークスの山を掻いてはのぞく。もっと早くまわせ、こんどはゆっくりだ、そうそう、だましだましあかめるんだ。北村さんの火加減の注文は特別うるさい。ころあいを見て、風をとめる。北村さんは、やおら金型を引き抜いて、油のなかにどぼんと漬ける。罐のなかで油が沸いて、煙がもくもくと立ちのぼる。

（八七ページ）

この描写は、わたしのような部外者には一体何が起きているのか分からないが、金型の焼入れはいかに経験が必要だったかは分かる。焼入れは、おそらく仕上げの工程であったろうが、狭い北村製作所の工場のなかではそれができなかったために、天気のいい日に、工場前の道路でやっていたわけだ。一見、原始的に見える作業だが、この一連の作業は熟練を要するものであることはいうまでもないだろう。

小関青年は、なぜ北村さんが火加減を気にしていたのか分からなかった。それは、金型があかめられていく色加減を見ていたのだ。ころ合いのあかめられた色になると、金型は油の罐に入れられて作業が終わる。あかめるとは、金属を赤くすること、つまり熱を加えていくことである。

面目に生きる

しばらくして、小関青年が工場の仕事に慣れたころ、北村さんが試すように、「小関には、このフランジの山から、岸田が仕上げたものと、岡本が仕上げたものの区別がつけられるか」と聞かれた。小関青年には、なぜ区別がつけられるのか、その理由はうまく説明つかなかったものの、どちらがどちらかは分かった。そのちがいを北村さんは、次のように説明してくれた。

「そうなんだ。どっちもきれいに仕上がっている。たしかにそうなんだが、岡本のはきれいなだけなんだ。そこいくと、岸田のほうのは、品物が生きて立っている。そこがちがうんだ」

土を練って茶碗や皿をつくるのとはちがう。粉を練ってせんべいや和菓子をつくるのともちがう。機械にかけて、同じ鉄を削るのに、どうしてそのちがいが現れるのかを考えろと、北村さんはいう。それは宿題だという。（九四ページ）

数日間、小関青年は、三人の旋盤工（小関のあとに戦前からのベテランが一人入っていた）をよく観察した結果、削られた鉄の肌の艶がちがうことが分かった。しかし、北村さんは、「大事なのは艶がどうちがうかっていうことだ」と、次のように教えてくれた。

「ピカピカの塊りだ。それに較べると、岸田のは、メリハリがついている。必要でないところは鈍く光っている。艶が鈍いのは送りが荒いからだが、その分だけ仕事は速い。それなのに品物は生き生きとしている。必要のないところが光っていないから、必要なところがそのぶんだけよりきれいにひき立って見える」（九五ページ）

フランジをピカピカの塊りにしたのは、後から入ってきた岡本という職人だった。S精工に二十年いたと記されているから、かなりのベテランだろう。しかし、北村さんによれば、「ああいうところに二十年もいれば、腕が鈍るのは仕方のないことだろう」という。つまり、大工場にいるうちに自然と腕が落ちてしまったため、それをごまかそうと「なんでも光らせる」ように仕上げたと北村さんは教えてくれた。

なぜ大工場にいた職人の腕が落ちるのかというと、労働者になってしまい、職人としての創意工夫をしようという機会を失ってしまったからではないかということだろう。同じメーカーの旋盤を使い、似たようなキャリアを持つ職人の腕がつくった製品がこのようなちがいを持つことに、小関青年は初めて知った。北村製作所では同じ部品を数十個からそれ以上という単位で削っていたものと思われるが、納品に際しては、規定の範囲内の仕様に仕上げられていれば問題なかっただろうが、仕事をするという心構えのちがいによって仕上がりがちがってくる、ということを北村さんは教えたかったのだ。

「品物が生きて立っている」とは、的確な表現である。つまり、メリハリがきいていることなのだが、どこをどう削ればそうなるのかは職人にとってきわめて初歩的な作業原理だろうし、そのように削っていくことによって作業効率が向上するばかりではなく、職人のやる気にもいい結果がもたらされることを彼ら自身は言葉に出すことはなかったけれど、よく知っていたのである。それは作業効率が上がって零細工場経営者の懐を少しはうるおわせることかもしれないが、職人が自らの意地・矜持を守ろうとすることのほうが勝っていくことだったのである。

第三者には、実はささいに見えて、とても重要であるこの仕事への心構えについて、小関は『ものづくりに生きる』（岩波ジュニア新書、平成十一年＝一九九九年）で次のような取材を経験している。

わたしが酒徳さんに質問してみた。

「こうしてできるネジに、個性なんて現われようがないですよね」

すると酒徳さんは、とんでもないと手を振った。

「それが、よく現われるんです。腕のいい人は段取り替えが早く正確とか、不良を発見するのが早いとかだけではない。不良でこそないけれど、ちょっと仕上がりが悪いというようなときに、差が出ますね。〝まあいいだろう〟っていう男の作ったネジと、〝こんなもの納めたら恥ずかしい〟という男のネジは、ネジの仕上りがちがう。

やはり、恥だと思う男の作ったネジは、美しいんですよ」（六〇ページ）

つまり、仕事への取り組みに対するその人の姿勢がこのような結果をもたらすということである。実際に仕上がった製品の機能については何ら問題は生じないであろうが、ふだんのこうした姿勢が別の機会には、プラスへと作用するということなのである。

労働者と職人たちの矜持

小関は、町工場のなかで多くの渡り職人と出会っている。彼らは賃金よりも何よりも仕事の面白さを求めて、工場を渡り歩く職人たちであった。わたしも小学生時分、父親から彼らの話を聞いたことがあった。おもに彼らの身分保障の不安定さを心配していたものだったと、今ならそう思える。川口の工場は、ほとんどが中小企業で、好不況によってその調整弁となったのが渡り職人だった。わたしの聞いた話では、彼らは、仲間同士のネットワークに頼って渡り歩いていた。

渡り職人といえば、吉永小百合のデビュー作「キューポラのある街」（日活、浦山桐郎監督、昭和三十七年＝一九六二年）に出てくる、主人公ジュンの父親（東野英治郎）は、おそらく渡り職人であったろう。たしかな証拠はないが、彼のいい分やふるまいから、そう思える。渡り職人は、どういうものかについて、小関は次のように書いている。

戦前から、渡り職人という名で呼ばれた系譜に入る人達は、地縁や血縁の他にいうなれば仕事縁とでも名付けられるようなつながり方で、工場を渡り歩いた。賃金や待遇だけを求めて渡り歩くのではなく、面白い仕事、やり甲斐のある仕事を求めていた。仕事さえ面白ければ、賃金が少しくらい低くても、彼等は我慢できた。（一一五ページ）

引用のころは、まだ個人に電話が行き届いていなかった時代である。仲間同士が電話で情報をやり取りしてということではない。何かの機会に直接会って、仕事情報をやり取りして次の工場へ移っていくという方法が多かったろう。引用では、「仕事縁」に導かれて渡っていく、いわば「粋な職人」たちの話だが、果たしてそういう例が多かったとはいえない。わたしの記憶では、転職の機縁は、その職人の技量や人柄を認めて、つまりプライドを尊重してくれるかどうかであったように思える。しかし、仕事の面白さに魅かれて働く職人たちは、やはり粋である。労働力は売るけれど、面白い仕事のためだ、というロジックは、彼らの矜持が見事に生かされる時だったからだ。

小島さんは最初の二日間、工場長から与えられた仕事をせずに、材料と図面を投げ出したまま、自分が使うことになった旋盤を分解して、整備した。その頃のベルト掛けの旋盤は構造も単純だったが、小島さんはわたしを手伝わせてスピンドル（主軸）を抜き、鉋金の割メタルを摺り合わせた。サドルをはずして、ベッドの摺動面を磨き、カミソリやハンドルを調整した。「他人の癖をとってからでないと、仕事をする気になれないんだ」（一一六ページ）

この旋盤は単純な構造であったからか、それまで使っていた職人が自分の使いやすいようにいろんなところを調整してあった。小島さんはそれを一度分解し、自分の使いやすいように調整し直していたのだ。熟練工は、他人のクセを取り除いて、自分のやりやすいようにしていたことを小関は、ここから多く知ることになった。それよりも驚いたのは、小島さんは、大きな道具箱をかついで小関の工場へやってきたことだ。そのころの職人は、多かれ少なかれ自分の道具箱を持って移ってきたが、小島さんのは、彼らとはちがっていた。道具箱には、小関が見たこともないものばかりが入っていた。小島さんは、整備の終わった旋盤で翌日から、ところどころで自分で工夫した工具を使ってなんなく見事な腕前を披露したが、それは小関青年の興味をそそった。

自分の仕事をより正確に素早く仕上げるために、どの職種の職人と呼ばれる人たちは、できるだけいい道具を求めたが、売っていない道具は自分で作った、というのはごく当たり前のことだった。同様に、工場労働をする職人たちにもその精神が生きていたということは、正確に素早く恥ずかしくない仕事をするにはそれが必須で、そこには共通する粋な職人魂があった。

これらの職人たちの多くは、渡り職人だった。小関は、彼らが職人であったことから、労働条件の改善などにおおむね非協力的であったとしても、悪し様に否定することはできないという。

小さな町工場の世界にとじこめられ、仕事の上の技術技能の練達手段や情報がとぼしく、社会的な視野もまた極めて狭い社会のなかにあっては、彼等がもたらす新しい技能や情報が、町工場とそこで働く労働者にとっては新鮮な教育であったこと

もまた否定することはできない。（一三六ページ）

渡り職人たちは、その腕を頼りに小さな町工場を渡り歩いているうちに、新しい職場で自然と新しい技能や情報を伝えていたのだ。彼らの移動によって、その地域の全体の技術がいく分か向上しなかったとはいえない。彼らは、自分の腕の向上なくしては、自らが望む位置にいることはできなかったから、熱心に磨きをかけていたのである。

彼らは、なんといわれようと、粋な職人として生きることを選びとり、終生それを貫いていったのだろう。いわゆる大工職などとちがう工場労働のなかで、自分の仕事に誇りを持つ職人たちは、待遇その他のマイナスをはねのけながら家族を養い、この社会の基層を支えていた。

労働のぬくもり

零細な町工場に十数人の労働者しかいなくても、大企業の大工場の作業の基本単位でも、つまるところ十数人かその前後の単位になる。いずれにしてもそこには小さな社会が生まれる。この小さな社会には、一口でいえばいろいろな個性を持った職人や労働者がいる。働くということは、彼らと余計なトラブルを起こすことなく、仕事のために協働していくことがまず第一なことは、どこの職場に入ろうとも基本的には同じことだろう。

新しい職場に自分を根付かせるために、小関は次のようにいった。

植木を移植するためには根まわしが必要なように、新しい職場に自分を根づかせるためには、その職場に蓄積された技術や、仕事の流れや、そこに働く人びとの人格とも折り合いをつけねばならない。働いて暮らしをたてるための根まわしをしなければならない。(一九三ページ)

仕事をするということは、自分をそこに根づかせつつ、この根まわしを日々くり返していくということである。そうして職場をあの旋盤工がこれから使う旋盤を自分の使い勝手のいいように手なづけていったように、少しでも働きやすいようにしていくことなのだろう。なぜそこまでするのかといえば、生活を維持していくためであることはもちろんだが、それだけでもないのである。

労働のなかで、労働者や職人が生きていくことでの辛さをいく分かやわらげていくものがあることを、働く人は、うまく説明はつかないけれど感じていることだろう。そうでなかったら数多の労働者といわれ、勤労者といわれ、はたまた職人といわれる人たちが、あの満員電車に乗り、さまざまな人間関係に苛まれつつも働くことはできない。

わたしは、まだ明るい時間に電車に乗ると、よく窓の外の住宅街を見つめていることがある。この屋根の下に、それぞれ異なった暮らしがあり、それぞれに喜びや悲しみがあることに粛然とする思いにかられるからだ。当たり前のように人びとが暮らすことは、実はそれほど簡単なことではないことが分かるようになるには、だれしもそれなりの時間が必要なのだろう。

日毎の暮らしの厳しさは、労働そのものよりもはるかに身や心を苛むことがある。魚屋だった親父が、辛いことがあると黙々と出刃包丁を研いでいた気持がわかる年齢に、わたしもなったようだ。何かってなんだ、と問われても返事に困るようなものだけれどと前置きをして、わたしと同じように失業して、職安の紹介で同じころいまの職場に入ったフライス工に聞いてみたら、「ある、ある。何かって聞かれると俺も困るけどよ」と答えて、笑った。わたしは、そんなうしろめたさを持っているのが自分ひとりではなかったことを知ってほっとした。

働く、ということはそういうことでもあるのだろう。仕事が楽しいといえば嘘に

なるが、労働のなかには、辛い気持をやわらげてくれるぬくもりがあるのかも知れない。（一九四・一九五ページ）

あるいは、どんな労働であれそのなかに、労働のぬくもりを見つけていかない限り、わたしたちは、健康を維持し、あまつさえ数十年にわたる仕事人生を送ることはできないのだと思う。

ある老人との三十余年

小関のこの本の掉尾は、町工場の周縁で生きてきた一人の八十三歳の老人の話だ。老人という言葉は、好きではないが、この話をするに当たっては、これがふさわしい。本来、老人という言葉には、敬愛の念が含まれているが、近ごろはそんなことがどこかにいって、年寄りを意味するだけの素っ気ないものに成り下がっているのも、高齢者があまりありがたくなく思われている証拠のように思えなくはない。

それはさておき、工場のなかで使うグラインダーと砥石は縁が深く、それがないという工場はない。この砥石、金属を研ぐためのものだが、使っているうちに減ってきて、用をなさなくなってくると特定の場所へ集められる。この使い古しの砥石を地域の大小の工場を回って集めていたのが、阿久津老人だった。小関は、働き始めたころからこの老人のことを知っていた。次の職場でも、また次の職場でも、この老人はやってきた。まるで追いかけられているようだった、と小関は回想する。小関の後を追いかけるようにやって来たこの老人は、地域の工場の大小にかかわりなく丹念に古砥石を集めて回っていたことになる。

小関が職場を変わるごとに出会うこの老人のことを、小関はもちろん記憶していたが、老人のほうは、ひょっとすると数百、数千人の労働者や職人と出会ったなかの一人でしかなく、覚えていなかった。

自転車の荷台に不用になった砥石を石油罐に積めるだけ積んで、老人は、三十年間、工場と自宅を行き来していたのだ。町工場の労働者の間では、回収されていった砥石が一体、どのように再利用されるのか、いっとき話題になっても、だれも本当のところは知らなかった。小関もいくどか再利用のことをたずねたが、いつも言葉を濁された。その日、初めてその理由が分かった。

老人は眼が悪くなり、これ以上、自転車を転がして回収することができなくなり、その日が最後となったのだ。なぜ、古砥石の再利用法を教えてくれなかったかというと、同業者が現われるのが恐かったからだと教えてくれた。ついでに老人は、一トン集めて一万円だとその労賃を教えてくれた。使い古しの砥石が一トンになるには、どのくらい工場と自宅を行き来しなくてはならないのだろう。一回にどうたくさん積んでも、十数キロから二十キロ、一トンつまり千キロになるまで、一体どのくらいの日数がかかるのだろう。老人は、そこまで明かしてないが、彼がなんとかやっていけたのは、なにくれとなく気にかけていた、数百人以上の労働者や職人がいたことも事実だ。彼らは老人に、いささかの恩着せがましいこともせず、老人の差し出す百円玉も受け取らなかった。一件一件はなんていうこともない、人と人との触れ合いでしかないが、三十年間余にわたってささやかだが、とどこおりなくなされてきたと思うと、わたしは嬉しくなる。

ひとりの老人の暮らしを、大田区の町工場の、どんな工場にだってあるグラインダーの、もうすっかり磨り減って火花の出も悪くなった砥石が支えてきた。三十年余り、支え続けた。あちこちの工場の旋盤工や研磨工が、いいんだよじいさん、持っていきなよと、百円玉を受け取ろうとはせず、いずれそのうちまたやってくるだろうからと、グラインダーの片隅に積んでおき、なかにはじいさんの持ちよいように、ビニールの紐でくくっておく。それは恵むというような行為では断じてなかった。それがどこでどう蘇るかは知らずとも、蘇らせるために巡ってくるじいさんへ

の、いたわりであった。(二三五ページ)

工場のだれも、阿久津老人が糀谷からやって来るのを知っていても、それ以上のことは聞きもしないし、名前だって知らなかったろう。それでも、三十年余にわたってささやかであったが、同じ釜の飯を食ってきた仲間のことは徒や疎かにできないと思いつづけてきたのだ。この心意気を何といえばいいのだろう。古くさいといえばいえるし、もうそんなものどこにもない、といえるかもしれないにしても、やはりわたしはそんなものでもない、と思いつづけたいのである。

大田区の町工場の片すみに生きた、労働者と職人と、一人の老人とのささやかな三十余年の交流はこうして終わった。

都市細民の生きた〈世間〉——樋口一葉

樋口一葉（一八七二～九六）は、明治という時代を細民の一人としてその辛酸を舐めつつも、それをのりこえる糧として文学を選び、短時日のうちに精華を紡ぎだした、新しい時代の最初で最後の女であった。

まもなく十九歳になろうとする明治二十四年（一八九一）の春、一葉は、本格的文章稽古のため日記をつけ始めた。日記をつけることがどのくらい文章稽古のためになるのか、承知していたとは思えない。そこまで思慮が及ぶほどの余裕がなかったのが真実で、それよりも一刻も早く小説を書いて生活の足しにしようという焦りは消しようがなかった。小説なんていうものは、ほとんど読んだこともないにもかかわらず、切羽詰まっていることだけは逃れようもない現実だった。

父が負債を残して死んだのち一家の家計はたちまち破綻し、それがために生活費は、「かえす目当てのない借金と、内職と、わずかに入る利金と、あとは売食い」（塩田良平『樋口一葉研究』中央公論社、一九七九年増補改訂第四版、四〇九ページ）というまことに心細いものでしかなかった。徐々に進む一家の貧窮に、一葉の通う歌塾萩の舎の社中の友人たちが何くれとなく、手を打とうとしていたものの、そもそもそれは当初からさして成算のある手立てではなく、ことごとく烏有に帰した。

士族の体面と抗いつつ

文章稽古といえないまでも、それまでのまとまった日記の最初といえる「身のふる衣」(散逸)は、明治二十(一八八七)年一月から八月のもので、十六歳の少女にしては、才気あふれる内容であるとともに、すでにこの段階でわが身を客観的に見つめていこうという視線があったとされる。もっとも人口に膾炙しているのは、同年二月二十一日の萩の舎発会の日に着ていく晴着がないと嘆くものだが、そこにはまだ両親が健在であってのいくばくかの甘えのようなものがあった。一葉がもう少し生き長らえれば、こうした少女から大人になっていくうちのエピソードが、さらにいくつか文学として紡ぎえたのではないかというわずかな期待をもったとしても必ずしも無稽なことではない。それぐらいの資質を感じさせたとされ、概要だけが今日まで伝わっている。

同年六月、歌塾の先輩田辺龍子(号、花圃)が小説『藪の鶯』を刊行し、その原稿料が三十三円二十銭になったと一葉は知った。作者二十歳、その才気が注目された。一葉が、この作品を読んでいることはたしかで、必ずしも的確に評しているわけではないのでも分かるように、そこまで踏み込もうという意志が感じられない日記が残っている（「筆すさび 一」）。

一葉一家三人は、家賃を含め一ヵ月で十円ほどの生活費で何とかなっていたことから、三十三円何がしという金額は、ほとんどその日暮らしというわが身からすれば、垂涎の的以外の何ものでもなかった。

明治二十三年九月、一家は本郷菊坂町へ移るが、それまでの一葉の世間は、まことに狭いものでしかない。狭いながらも彼女は、一生懸命世間に羽を広げざるをえなかった。それは否応なく日々突きつけられる士族の娘としての誇りの侵犯へのささやかな反動の発条としてだが、それが一葉にできる唯一の生きる手立てともなっていた。なんとしても一家を背負っていかなくてはいけない切迫感がそうさせたのであった。

例えば、菊坂へ移る五ヵ月前、師の中島歌子の内弟子として月二円で仕えたものの、「稽古も出来ず勝手のことのみして下女の如し」（「かき集め」）と書きつけたのは、士族の娘としての誇りをいたく傷つけられたためだが、このころは貧したとはいえ、それがあってこその生きる張り合いとなっていたこともたしかであったように、まだ〈貧〉そのものは、一葉のテーマとなっていない。

一家は、菊坂へ移っても士族の体面を守るために必死になって、同郷の知己、あるいは父在世中に恩顧を施し、懇意にしていた知人たちから借りまくった。実態は自転車操業状態であって、いつか貸してくれる人がいなくなるのは時間の問題だった。一家が裁縫と洗い張りで生活を支えようとしても、稼ぎは多寡が知れていた。

塩田書には、当時の仕立て賃について、袷一枚十五から二十銭、綿入れ二十から三十銭だったとある。一家は、浴衣なら一日三枚、袷は同二枚、綿入れ（平縫）ならば二枚を仕上げることができたというが、一カ月どのくらいの仕事量と賃銭になったのかは不明だという（四〇九ページ）。洗張りも同じで、合わせてどのくらいの稼ぎがあったのだろう。

そのころと思われる日記「かきあつめ」の次のような記述は、わずかながら窮地から脱せるのではないか、というかすかな望みがいじらしく綴られている。

借銭はかさなる、浮世のことをば知らざりければ、友なる人の、知人に心やさしき小説家のあれば是非に何かしたゝめよ、さすれば母にも安心さすることのあらんとすゝめける。（読みやすいように句読点を入れた。以下同）

この日記は、妹の邦子の友人に紹介された半井桃水に会う直前のものである。桃水は当時、東京朝日新聞社小説記者で、一葉一家からすれば、その立場は仰ぎ見るような羨望の念を抱かせただろう。当時の同社は赤字会社で、のちに夏目漱石が社員になったころから比べると、かなり見劣りする新聞社であったにもかかわらず、一葉一家が実際以上の期待をこの話にかすかな望みをかけたのは無理ないことであった。

日記にある「心やさしき小説家」とあるのは桃水のことで、一葉は会ったことも、その小説なるものも読んだことがなかったにもかかわらず、「心やさしき」と書かざるをえなかったのは、彼女がおかれている心許なさの表現であった。

文学への扉

明治二十四年四月、一葉は桃水と会い、小説指導を受けるが、当時の彼女の筆力では売物にならないことが早くも明らかになる。一葉は売物にならなかったことに落胆しなかった。小説なるものをこれまで知ることがなかったからで、どうしたらその境地にまでたどりつけるかの手ほどきを桃水から教えられ、六月十日、友人と二人で上野の図書館へ通い出した。

塩田の書には、かなり綿密な一葉がひもといた書籍について日記に書きつけた一覧表があるが、必ずしもすべて読んだともいえないらしい。図書館へ通って一葉が気づいたのは、世のなかには自分の歌の世界では見ることのない書籍があまたあるというごく当たり前の感想だったにちがいない。

明治二十五年二月、一葉は、桃水から同人誌「武蔵野」の創刊を伝えられ、原稿の依頼を受けた。これに応えて書かれたのが「闇桜」で、原稿を読んだ桃水は激賞した。一応の水準にあると認められたということだ。この作品で初めて一葉の筆名が公にされ、世に広められることになったことは記念すべきとはいえ、世評は特に彼女をほめたものはなく、大阪朝日新聞が女文豪という意味合いで「女西鶴」といったことにつられて、彼女が西鶴を読み始めるという副産物があった。まもなく西鶴は、一葉の文章の骨格ともいえる影響を与える。

同年十一月、一葉は先の田辺の紹介により、当代の一流小説雑誌月刊「都の花」九五号に「うもれ木」を載せた。同誌創刊は、明治二十一年十月、金港堂の発行によるもので、発行編集人は中根淑、当初の主幹は山田美妙、菊判七十ページ、定価十銭という堂々たるものであった。これまで同誌には、露伴の「露團々」、紅葉の「二人女房」が載っていた。田山花袋も同誌から出た作家で、その花袋の原稿も、同じ九五号に載った。一葉の作品「うもれ木」が、当時としては一流の月刊小説誌に載ったとはいえ、塩田は次のように評価している。

ただこの作で見られるものは、彼女が必死になって桃水から離脱を試みようとした意氣込みが、しかもその反逆の中にどうしても消しきれない自嘲とか絶望とかの精神が、何とはなしに若い世代の心を打ったのである。露伴的なものを追ひながらやはりその諦念にはなりきれない若さが、同じ時代を打ったのである。（四二三ページ。現代かなづかいに改めた）

「うもれ木」は、塩田の同書の紹介にもあるように、露伴の「風流仏」「一口剣」「五重塔」からの示唆を受けたことは明らかで、一葉がそのどれを読んでいたかの記録はないが、その文体に傾倒したことはまちがい。その証拠として、塩田は、「名匠気質というと、戯作調をすて無理に語尾をちぢめ、てにをはを省略し、漢熟語を使いすぎている」（同前、四二七ページ）ところにある、というのもなるほどと納得させ、かつ「文章が闊達雄勁のわりに実感が来ない」（同前）ところに欠点があった。

ただ塩田が本作について、一葉作品が新しく感じられるのは、「材料を現実から拾い出して写実的に書こうとする客観主義的態度が現われたことである」（同前）というのはその通りで、彼女が小説執筆に当たってこのような着想をえたのは、この聡明な若い女性に訪れた天恵であった。さりながらますます貧に苦しめられるのは変わらずとも、まもなく傑作への道筋が開かれていく。

そのきっかけをつくったのが、星野愼之輔が主宰する雑誌「女學生」三〇号に書いた「明治二五年文界」という記事であった。星野は、「うもれ木」を「着想の凡ならざると共に鋭く、人をしてそれ婦人の作なるを疑はしむるものあり」と評価した。星野が「文学界」を主宰する藤本と知り合いだったことが、一葉を世に出す決定的ともいえる機縁となったのは幸運だった。

結婚して三宅となった田辺は花圃と名のっていたが、おそらく明治二十五年の暮、一葉に「文学界」三号へ寄稿するように促した。一葉は、それに応えて、翌年一月、「雪の日」を同誌に送った。短編ながら彼女にとって、かねてから胸にしまっておいた桃水への思慕をモチーフにして書きあげたものである。かつて雪の日に桃水宅へ訪れ、汁粉をふるまわれたことがあり、それを思い出し、明治二十六年二月二十七日の日記に、「昔し恋も悟もかの雪の日なればぞかし」と書きつけた。この一行は、一葉の恋心の切なさとなって迸り、彼女の〈文学〉への扉を開く機会となった。

「雪の日」は、いわば桃水という人間に別れを告げた作品だったが、それを日記に書きつける四日前、当の桃水が最新刊『胡沙ふく風』をもって訪れた。その晩、一葉は、その読後感を日記に書いた。「文に勉むる所なくひたすら趣向意匠をのみ尊び給ふと見えたり」と。まことにそれが的確であることに、一葉の文章書きとしての才覚が伺えるとともに自信が垣間見え、のみならず秘かな自恃がうかがわれる鋭敏さがあった。

日記の一葉は、このように明晰に自己を分析し、かつ自らの思いをかなりの内実をもって書きつけられるという成長を遂げていたが、それは〈文学〉への飛躍の翼を身につけたことにほかならない。そこまで押し上げたことこそ、日々窮迫のます現実の生活であったうえに、それがため一葉は生活に苛まれていくなかで、もはや士族の娘というわずかな誇りなど、文字通り一銭の役にも立たなかったことを知った一人の明治の女がいた。

明治二十六年六月二十九日、とうとう「此夜一同熟議実業につかん事に決す」と日記に書き、その数日後の七月の日記冒頭に、次のように書いた。

文学は糊口の為になすべき物ならず、おもひの馳するまゝこゝろの趣くまゝにこそ筆は取らめ。いでや是れより糊口的文学の道をかへて、うきよを十露盤の玉の汗に商ひといふ事はじめばやとおもふ。

この日記のなかの「糊口的文学の道をかへて」という一文は、勇躍実業に専念しようという意思表示で、日記の終わりごろは、次のように書かれていた。それは商売の難しさを託《かこ》つことであったが、それまでの境遇を脱していこうという宣言でもあった。士族の娘としての誇りを捨て、明治中期の都市細民の一人として下降していく覚悟でもあった。

されども生れ出て二十年あまり、向う三軒両どなりのつき合ひにならはず、湯屋に小桶の御あいさつも大方はしらず顔してすましける身の、お暑うお寒う、負けひけのかけ引問屋のかひ出し、かひ手の気うけおもへばむづかしき物也けり。

この引用の意味するものは、一葉一家が父の死後、何くれとなく依拠していた「第二の故郷」(柳田國男)の紐帯、つまり両親の出郷後に形成された擬制村は、時代の急激な変化のうちにその相貌を失いつつあったことに気づいた正直な心証である。

一葉が二十年あまりにわたって、「向う三軒両どなり」のつき合いがなかったのは、いかに貧したとはいえ旧士族としての身分的矜持にしがみつくことを日々の生活の規範としていたからにほかならないが、「もはやこれまで」と、かつての紐帯の幻想から自らを解き放っていったのがこの日だった。

「町内完結社会」の分解

一葉は、明治五年（一八七二）に生まれ、明治初期から中期にかかるころを生きた女だった。この時期は、明治でも最も変化が激しく、その変化に対応できずに最下層に下降していかざるをえない細民が数多存在していた。そのために、松原岩五郎『最暗黒の東京』（民友社、明治二十六年＝一八九三年）ほかのルポルタージュが多く発表された。

松原の同書は、昭和五十五年（一九八〇）、現代思潮社から復刻され、久保田芳太郎が解説を付しているが、久保田は「当時の悲惨小説、観念小説、社会小説の類を読んでみても、この貧しき人びとをまともに主題にすえ、しかも成功している作品はほとんどない」と書き、「この貧民層の生活には文学の空想性や虚構性などを全く否定し、排除してしまう。ひたすら現実に生きるという一点のみがあるからだ」という。

久保田の指摘は、細民層の生活の実態は、「空想性や虚構性」を受けつけず、「ひたすら現実に生きる」しかないというところにあったために、「悲惨」をテーマに小説にしても、読者の同情や共感を得ることはあっても、皮相なレベルにとどまっただろうというところに眼目があった。ルポルタージュによって発表されたのは、そのほうが訴求力があったからで、それまでこれしかなかったと思われてきた。

これらのルポルタージュが、明治二十年代に多く書かれているのは、急速に資本制経済社会を築こうという明治社会の動揺の圧力がすさまじく、この事態に何ら手当てのもたない細民がついていけなくなった現実が、あまりにも苛烈であったために見過ごせなかったからである。その大半は、借金のカタに農地を奪われた各地の農民であり、さらに維新によって禄から見放され、没落していく士族層であり、それまでの手職から遠ざけられていく職人たちが多かったということである。彼らは、それぞれの故郷に居場所を失って、大都市東京へ行けば、どうにかなると出郷しつつも、ついに貧民窟へ落ちざるをえなくなり、何とかその日暮らしをしていたのである。

日本近代史研究者の小木新造の大著『東京庶民生活史研究』は、幕末から明治中期までであった江戸以来の町内について、生活に必要なものはその町内でこと足りたことから「町内完結社会」と定義しているが、必ずしも厳密なカテゴリーとはいえない。それというのも、このカテゴリーを精査しようと思っても、社会科学的な分析尺度の及びにくいところが多々あって定義しにくいが、それでも次のように考究されている。

湯屋で顔を合わせるのも寄席での笑いをともにするのも、同じ町内の人間である。

互いにその職業を異にしても同じ町内に住む人間同志、しかもその親の代も、その祖父の代も、同じように暮らしてきた人たちである。それは東京という土地柄をこよなく愛し、この中に他人も自己も隔てなく、何のわだかまりもなく溶けこませ、喜怒哀楽を分かちあうことで深く結ばれあった感覚の持ち主が、きびすを接して生活する同質的地域社会であった。(五八七ページ)

この引用の「同質的地域社会」を一言でいえば、それなりに安定した生活空間が数代にわたってつづいた隣近所のことである。代々住みつづけてきても、町内に大きな変化があったとすれば、このような「同質的地域社会」は維持できない。

「町内完結社会」が、幕末から明治中期まであったと仮定すれば、江戸―東京の町人は、その後の幕末維新の大変動をよく生きたということである。一葉の父則義が末端の士族とはいえ、大変動をかろうじて生き延びられたのは、かつて築いた交遊を頼りとし、「第二の故郷」を形成し頼みとすることができたからである。そのために、一葉一家は、必ずしもこの「町内完結社会」にいたわけではなかった。彼らには、それを形成する「同質性」に乏しかったことに加え、ある時点まで「第二の故郷」に安住していられたから、「町内完結社会」は他人事であった時代が龍泉寺以前までつづいたということである。

小木の唱えた「町内完結社会」は、引用を読んだ限りでは、和気藹々とした屈託のない空間のように思えてくる。それはまちがいではないものの、社会科学的な定義が難しいことからユートピアのように幻影を想起しかねないという危うさがあることも承知しておかなくてはいけない。

「町内完結社会」が成立し得たのは、「お互いさま」という相互扶助の気心・気質が生活の知恵として根づいていたからである。相互扶助の気心・気質は、日々の生活のなかで育まれていきながら醸成される成員相互間の親和性として現出されていったのである。それは、お互いがお互いを思いやるということであり、一朝一夕にできあがるものではない。それがあったということは、ゆるやかな相互扶助的社会を形成していくのに必須の社会生活上の安定性があったということだろう。さりながら半面では、町内の親和性が濃密であったために、次のようなこととも無縁ではなかった。

またそれ（町内完結社会のこと——引用者）は、人びとの意識を規制する枠組ともなって絶えず「世間様」を気にしながら生きた封建社会でもあった。裏店において大家を親も同然とするのは、常に生活の恐怖、つまり低所得による生活苦、火災の恐怖、疫病の恐怖等に対応する下層庶民がぎりぎりに縋りつく相手として意識し

ていたためではないか。同時にそれは、町内の有力者には頭の上がらぬ生活ぶりであったことも裏書している。（五七五ページ）

引用の意味するものは、「町内完結社会」を維持するために、その社会の成員は、いつも「世間様」に気配りが求められているということである。それは、大家であったり、有力者であったろうが、何よりも成員間への気配り・気がねが必須であった。一葉の「大つごもり」以降の作品は、「町内完結社会」が分解し、まさに幻影と化し、消滅しつつあったころ現われたのである。

一葉が日記でも書いているように、本郷の界隈には、「湯屋に小桶の御あいさつ」であり、「お暑うお寒う」の挨拶をはじめとしたお互いを思いやる一言の交換があった。このことを彼女は十分分かっていたから、日記にそのように書きつけたわけである。この日記のニュアンスから読みとれるのは、小木の先の引用文と似たような生活空間が本郷にもあったことを彷彿させることである。それは、一葉がそれまでこの生活空間を距離をおいて見ていたことの反省であった。本郷界隈には、一葉が書いたような断片から「町内完結社会」のようなものがわずかに生きていたことが推量できる。

一葉一家は、明治二十六年七月、下谷区龍泉寺町へ転居した。なぜ龍泉寺町だったのかというと、中心から外れたいわば郊外の場末だったからだ。一家の借りた二軒長屋は、長屋の定石（九尺二間）より広く、間口二間、奥行五間半で、内訳は、客が入る土間を入れて六畳の店、五畳三畳の座敷（畳一枚分の押入れがそれぞれ付いている）、奥に勝手と便所があり、その奥に三坪ほどの庭と共用の井戸があった。何よりもこの長屋から新吉原の一画である揚屋町の非常門は指呼の位置にあった。さらにそこを左へ行き日本堤に出て、右へ行けば、「たけくらべ」の見返り柳が見えた。

一家がここを選んだのは、人通りが多く繁華なことから実業をなすのに適した場所であり、成算が見込めるとふんだからである。開店の準備をしている同月十五日、日記の表題を、象徴的に「蓬生」から「塵之中」に変えた。

此家は、下谷よりよし原がよひの只一筋道にて、夕がたよりとゞろく車の音、飛《とび》ちがふ燈火《ともしび》の光りたとへんに詞《ことば》なし。行く車は午前一時までも絶えず、かへる車は三時よりひゞきはじめぬ。

一葉一家が本郷から龍泉寺へ龍泉寺へ移ったのは、遊客が本郷から春日通りの坂を下って新吉原へ日夜向かって行くほどの賑わいに満ちていたと話に聞いていたのだろう。

地理的には遠いが、心理的にはさほどではなかったと思われる。

それよりも何よりも彼女は、わずか九カ月という短い時間にもかかわらず、このまちの廓につらなる人びとの「悲痛絶望の声」を聞いただろうし、それまで知らなかったまちの人たちのさまざまな声から、暮らしの機微を知ったことは確かなことだ。そしてその声は、自らが発すべきものであることを見逃さなかった一人の明治の女がいた。

龍泉寺から「大つごもり」まで

一家が住んだ龍泉寺は、明らかに東京の中心から外れた郊外の新開地であり、玄関を開けると左手には新吉原が見えた。一家の住む両側の長屋の住民は、新吉原内の住人の求めに応じた職人や商人たちであった。一家は、ここで雑貨、荒物のほかに菓子・手遊び類を商ったが、しばらくは一日四十銭から六十銭ほどの売り上げを数え、多い時で百人ほどの客があったとはいえ、ほとんどは五、六厘の客で忙しいだけで利は薄かった。一カ月、四、五円の利益というから、期待外れであったろう。

ただし日用品であるだけに、かなり細々とした商品が店に並んでいたことが分かる。これを見ても、一家は近所の貧しい人たちやその子どもたちの多数を客にしていたことは知れるが、これだけの細かい商品の管理はさぞかし難儀なことだっただろう。ここで一葉は、小説のネタにしようと思わなくとも、日々の商いのなかでこのまちの生業の有り体を知らずしらずに知ったに違いない。

一家の近くに競合する店ができて、売り上げはにわかに下降していった。明治二十七年の正月、月末の払いを何とか乗りこえ、一葉は翌月分の暮らしのために二日、年始の挨拶をかねて借金の申し入れをしようという肚づもりで知己を訪ねたが、実際はなかなかいいだしにくく、不首尾に終わった。

とはいえ、何か次善の策を直ちに手をうたねばならず、二月下旬、一葉はどこでその人物を知ったのか不明ながら、おそらく本郷にいた時分に聞いた本郷真砂町の天啓顕真術の久佐賀義孝を訪ねる。彼の言によれば、同会は全国に三万人の会員がいると豪語する占い師であった。一葉はこの久佐賀を「世に高名たる人」と記しているが、日記から、米相場にも携っていることが分かる。占い師というのは支援者が多く、カネ回りもいいらしく、一葉もそのことも知っていた。

この久佐賀に会って記したのが、二十三日の日記「ちりの中」である。この日記、塩田書には、三ページほど引用されていて、一葉の転機がすでに訪れていたことがよく分かる。塩田は、それを次のように指摘した。

この長文の日記によって、一葉の文体に著しい変化の起ってきたことが判るであろう。過去の擬古文調がなくなって、雄勁な緊ったものになってきた。最初の源氏物語的なものから枕草子の文章にうつり、更に徒然草の文が消化されて入ってきており、この当時になると、近世の浮世草子、初期読本調が入り、何といっても露伴の文章から著しい影響をうけてきていることがわかる。また思想的、心理的には、物事を裏からも眺め、冷罵、自嘲の分子が加はり、かと思ふと善悪二相対立の現実から円満具足の世界を夢みようとする諦観的心境も折々もらされた。前述の如く、深浅は知らず、老荘仏の思想も混入し、複雑な陰翳をも持ち出した。そして自己の表現も自由になり、ある時は強く、ある時は弱く、筆力も暢びてきている。(四九四・四九五ページ)

なぜ一葉の文体にこのような転機が訪れたのかということだが、これは日記とはいえ、塩田がいうように、「苦労に鍛えられ、わるくいえば大胆で策略的」な叙述をいとも軽々となしえたのは、彼女が〈世間〉を辛辣に見ざるを得なくなったということである。この視点が、貧民窟ルポルタージュの文体の限界をこえ、文学へ昇華させたのである。一葉は、現実の〈世間〉に題材をとりつつ、しかもそれにとどまらず、みずからの文学へ独り歩み出したのである。

その最大の契機と思えるのは、久佐賀から援助が欲しければ、月十五円で妾にならないかという再三の誘いを断わるだけでなく、この屈辱を何としても表現のうちに明らかにしたいという思いが文筆としてほとばしらせた。

その一例は、国文学者前田愛が『樋口一葉の世界』(平凡社選書、昭和五十九年＝一九八四年)のなかで「『大つごもり』の構造」としてふれている。前田は、まず冒頭の書き出しは「初期の作品のそれとは明らかに異質なもの」になったと指摘した。それまでの一葉の文章は間接話法であったのを遠ざけ、リアリズムに徹したことで、読者をいきなり現実の労働の苛酷さへ導くように始め、以後、話法がことごとく当時の生活の具体性をもって書き表わされていくことである。

その好例は、「大つごもり」(上)冒頭の「綱の長さ十二尋」とは、一尋がおとなの両手を広げた約一・五メートルほどになり、十二尋となれば、十八メートルはあったということだ。読者は、「十二尋」と書かれたことで、この井戸が深く、主人公の奉公する家が、そこまで掘らないと水の出ない地域にあることを暗示しているのがたちどころに分かり、日々の水汲み労働がかなり苛酷であることは容易に想像できた。

さらに、この短篇が富家の奉公人への不人情をあからさまにして読者の期待に応えようという、作者の深謀がそこにあったことを冒頭の一行で告げるという巧みな筆法のはじまりであった。

ここからしばらく、主人公のお峰の奉公先の山村一家のご新造の典型的ともいえる、成金らしい、言葉にすれば、「吝き事」の羅列が〈富〉のコードとしてつづく。ことごとくは、かなり辛辣を通り越して、根に恨みがあるのか、はたまた悪意ではないかという思いを読者に突きつける文体である。一葉は、この冒頭で、当時の社会的な〈富〉のコードを明らかにし、徹底するために金持ちと奉公人の対立の〈図〉として布置し、その酷薄さの事例として、風呂の水を毎回、「二つの手桶に溢るるほど汲みて、十三は入れなばならず」というような表現を全篇にわたって〈地〉としてくり広げていった。

この〈地〉と〈図〉の文章構造のうちに、〈富〉と〈貧〉のコードを布置して、小説として読みやすくしたのは、西鶴から学んだ成果と思えるが、短時間にここまで達しえたのは並外れた天稟《てんぴん》の片鱗であった。

（上）の後半は、〈貧〉のコードとして病みついた伯父の裏店住いへと展開していく。伯父安兵衛は、お峰の母の兄弟の一人として病みつく以前は、貧乏町の初音町の表店で八百安と名のっていた。その商売は、「薄元手を折かえす」という体のもので、少ない元手で仕入れて安く売るという、貧乏町にはありがたい八百屋であったことから正直安兵衛といわれていた。こんななかで安兵衛は、息子の三之助を「五厘学校」に通わせていた。「五厘学校」とは、月謝が五厘ということでその名がつけられたように、学校とは名ばかりのものであっても、正直安兵衛にとってはぎりぎりの教育費であった。

伯父が寝ついて三カ月。この間、利薄い商売を三カ月も休んでは、生活が成り立たず表店にいられなくなる。この裏店をたずねながらお峰が見たのは、「凧紙風船など軒につるして、子供を集めたる駄菓子や」のなかに、三之助がいるのではないかということであり、やがて見つけた彼にともなわれて訪れたのが、「酒やと芋やの奥深く、溝板がたがたと薄くらき裏」長屋であった。伯父一家は、次のような描写のなかにいた。

見れば六畳一間に一間《けん》の戸棚《とだな》ただ一つ、箪笥《たんす》長持《ながもち》はもとよりあるべき家ならねど、見し長火鉢《ひばち》のかげもなく、今戸焼の四角なるを同じ形《なり》の箱《はこ》に入れて、これがそもそもこの家の道具らしき物、聞けば米櫃《こめびつ》もなきよし。

お峰が駄菓子屋で三之助を見つけ、伯父の陋屋へ至る〈貧〉のコードの羅列は、一葉はこれまで十分体験してきたそれよりも、この一家はそれ以下はないという境遇のうちにあった。長屋といえば、九尺二間というのが相場だが、伯父はそれよりもおよそ半分の一月の家賃五十銭の九尺一間のなかに伏していた。この引用は、一葉が当時の細民を象徴的に表現した一文だが、一葉一家が、龍泉寺で借りた長屋ですら、敷金三円、家賃一円五十銭であったことから見ても、細民がひとたび病みついたり、仕事を失うと、塗炭の苦しみに遭遇するという典型の描写であり、(上)冒頭の山村家の〈富〉のコードと相対するものとして描出されている。

ところがこの伯父は、無援やる方ない貧者の一人として、お峰に辛抱を説くことしかできない。それは、お峰の主の情にすがるしかないという功利的な願いから発しているが、一葉はお峰をそれに納得しているようには書いていない。伯父のことばが当時の道徳律にそっていることは、お峰は百も承知ながら肯じようとは思っていない。一葉は次のように、伯父が吐くことばのうちにそれを裏側から表現しようとした。

> お峰が主は白金《しろがね》の台町《だいまち》に貸長屋の百軒《けん》も持ちて、あがり物《もの》ばかりに常綺羅《じょうきら》美々しく、我れ一度お峰への用事ありて門《かど》まで行きしが、千両にては出来まじき土蔵の普《ふ》請《しん》、羨《うら》やましき富貴《ふうき》と見たりし。

この引用の真意は、「羨やましき富貴」の人なら、前借としてお峰の「二円」の無心も許されようという、貧乏人ならではのある種も厚かましさがあることはすぐ分かるが、それは富者なれば、わずかのいつくしみが通じてもいいという、主への情理にすがりたい、という一葉の内心の率直な表現として読める。つまり、一葉は〈富〉のコードを伯父に語らせることによって、〈貧〉のコードである「二円」の内実を文中であからさまにしていくが、それは片や貧者がいつも苦しむ高利貸しの冷酷さであるとともに、走り始めた資本制経済社会の厳格な論理であったことを問わず語りに綴った。

一家の当面の危難を救うために必要な「二円」はどのように発生したかというと、九月に三カ月で返済するという条件で十円を高利貸しから借りたものの、一円五十銭は当月の利子として取られ、実質八円五十銭の手取りしか残らなかった。この八円五十銭は、三カ月のうちに費消され、この十二月晦日は、一円五十銭の利子支払いのためにどうしても用意しなくてはならなかった。これを何とか都合すれば、元金十円のまま三カ月返済期間が延ばせるという高利の仕組みで、貸借人は元金を返済しない限り永遠にこの仕組みから抜け出せないという悪辣なものである。

伯父は、一円五十銭のほかに五十銭を足しての二円の前借をお峰に無心し、何とか形だけでも正月の仕度がしたかったのである。このささやかな願いがかなわなかったら、一家は直ちに元金ふくめて十一円五十銭の返済が迫られる。頼るところのない一家にとって、この「二円」の前借は、何としても唯一の血縁たるお峰に委ねられるしかない。お峰はそれを請け合うが、山村のような大金持ちにとって、二円という金額はさしたるものではない。伯父は、お峰の律義な奉公に免じて二円ばかりの前借は許されるだろうとご新造の情誼に期待するが、それはお峰も同じことで、のちにそれが裏切られるのは、山村一家は、情誼というような境地から自然と生まれる情愛を施すほどの心根はすでになく、金銭の多寡の一辺倒にしばられる冷徹な資本制経済社会のシステムのなかにあるからというリアリズムにあらばこそという痛烈な認識を一葉はいだきつつ、自らもこのうちで生きていかねばならないという、口惜しさにまみれた「二円」であった。

このことを骨身に染みていた一葉はここで、情誼に期待する伯父とお峰の心情を文章として表わしながら、心の内にはそれとちがう、つまりご新造には裏切られるという結果を何としても書かなければならなかった。一葉自身も、お峰や伯父一家と同様の淵にいつ立たされるか分からないという境涯にあるからこそその切迫感がそこにあった。身につまされたからだけではなく、ぜひとも書いておかなくてはならなかったのだ。

救済という興趣

「大つごもり」は、(上)のなかで細ごまと〈富〉と〈貧〉のコードをからませながら、

〈富〉の論理のなかでは、〈貧〉のそれは一向に通用しないという布置を明らかにしていったが、〈下〉は、お峰がどのようにして「二円」を手に入れるのかという今日でいえば、いわばミステリのように展開されていくところにこの短篇の興趣がある。

なぜならすでに読者は、ご新造には貧者の論理が通じそうにもないことは、うすうす知らされていたからである。この段階で多くの読者は、ご新造がお峰の願いに気紛れに応えて前借を許すほかに解決法はないと考えるのは、常識的ではあるし、胸なでおろす無難ともいえるものだからである。しかし、ここまで読んできた読者は、主を大事と裏表なく律義に働くお峰に「幸あれ」と願わざるをえない胸中とともに、何はともあれ彼女の無事を祈らざるをえなくなっている心境のうちにある。

一葉は、〈下〉に入るに際して、〈富〉のサークルのアウトサイダー〈遊民〉をここに登場させるという類いまれな布置を考え出した。それこそ山村家の総領息子石之助であった。ご新造には、義理の長男に当たり、この家の跡取りとして、「破落戸《ごろつき》」然とした存在として遇されている。石之助は、居づらい実家には無心のためにしか訪れず、正直律義を家訓とする父親にとっては厄介の元凶でしかない。

彼は、実家の〈富〉に巣食う厄介者のような存在で、実家からむしってきた多額のカネを芝伊皿子あたりの貧乏人に惜し気もなく酒食をふるまうことを喜びとしている。あたかも実家の〈富〉の後ろめたさを償っているかのような行為で、石之助のそれとしての発言はなくとも、明らかに実家への面当てであることは一目瞭然である。

その行為をポトラッチと見たのが前田である。ポトラッチとは、文化人類学の概念として近代的経済観念の外で行われるもので、この場合、山村家の蓄財に反して、石之助の椀飯振舞《おうばんぶるまい》によってそれを費消しバランスをとっていくことを指している。もちろん、一葉はそんな概念は知るよしもなかったが、アウトサイダー石之助を布置したのは、「守り本尊」お峰への最大の敬意であった。

実父とご新造は、この石之助を腫れ物のように扱い、できればどこかへ養子にいってもらいたいが、近在に知られた放蕩息子のためそれもかなわない。養子の基本的要件は、養家の家産を費消することではなく、少なくとも現状維持かそれ以上のことを期待されるから、石之助には当てはまらない。大晦日、この石之助が帰ってきた。

石之助が帰ってきたために、ご機嫌よろしくないご新造に、お峰は「僅かの手すき」を見つけて前借の確認をするが、「私は毛頭も覚えのなき事」と聞き入れてくれない。お峰は、「これがこの人の十八番」といっときは身を引いたが、約束の時間は迫ってくる。そこへ約束の時間と、三之助がやってくる。

切羽詰まったお峰は、心中に「拝みまする神さま仏さま、私は悪人になりまする、なりとうはなけれどならねばなりませね」と決意し、「かねて見置し硯の引出しより、束のうちのただ二枚」をつかんで三之助にわたした。お峰のこの瞬間から夕刻までの数時間の描写は基本的にないのは、一葉が律義に働いてきたお峰のこれからの時間が、ことさら言及しなくとも読者の想像をたくましくし、絶望の淵へと追い詰めていくことが容易に推測するにまかせたからだ。この筆法によってご新造の「吝き事」から類推すれば、お峰の胸のうちは伯父に迷惑はかけずに、「その場で舌かみ切って死んだなら、命にかえて嘘とは思しめすまじ」との決意だけがめぐっていく絶望を描きだすことができた。

このように追い詰められていくお峰に、読者はだれか何とかしてくれないのかと、必ずや心の内で叫ぶだろう。ご新造は、長女の出産に立ち合うための留守の時間がどのくらいつづいたろうか。この時間については、まったくふれられていないので、お峰の心情は分からない。

夕刻、主が釣りから帰ると同時に、ご新造も長女の安産に喜びながら送ってきた車夫を帰した。これを機会に、石之助は歳暮にねだった五十円を懐にして帰っていった。父親とご新造は五十円を進呈するに際して何のかのといいつつも、無事に総領息子が帰っていったことに安堵する。

一方でその喜びにつつまれているところに、場面はお峰がいつ白状し、「我身が頓死する法はなきか」と心は、「さまよいぬ」というところへ移っていく。そこへ、ご新造がお峰に、「かけ硯をここへ」と叫ぶ。かけ硯のなかには、お峰によってしまわれた貸金二十円がしまってあった。万事休すと、一葉は「度胸すわれど奥の間へ行く心は屠処の羊なり」と記すが、かけ硯のなかには、石之助の受け取り一通があり、「引出しの分も拝借致し候」と。石之助は、お峰の窮状を委細承知のうえ、一芝居を打ったのであった。

この芝居に、作者は、「後の事しりたや」と書いた。いま風になおせば、「さて、後のことはだれが知るだろう」となるように思える。実に余韻たっぷりの一行であった。

この翌年、一葉は、「たけくらべ」を書くが、それは明治中期のあるまちの少年少女の「子どもたちの時間」がモラトリアムでしかなく、彼らの時間は限られた時間で、いつしか終わることを見こして書かれた一葉の代表作である。「子どもたちの時間」という表現は、前田によるもので、それをモチーフにした「たけくらべ」論は、まさに「子どもたちの時間」の特異性がこの時期にあったことの意味を、挽歌として書きあげた。

同じような思いだったのが一葉より六つ年下の鏑木清方で、『こしかたの記』に、学齢前後の「子どもたちの時間」のエピソードを多く残した。清方にとってその時間は、執筆時期の昭和三十年代になってもなお「遠い昔の幻」として鮮明に記録されていた。清方は懐かしさばかりではなく、この「子どもたちの時間」の一瞬の豊かさ美しさが明治社会に共有されていたとともに、そこに映えていたその残照のなかに、かすかな江戸の香りがあったことを何としても記録しておきたかったのだ。この江戸の香りは、分解しつつあった「町内完結社会」が発する残り香のようなものであったかもしれない

一葉は、その最後の時間に立ち合う思いで、「たけくらべ」を書いた。そして何よりも「たけくらべ」は「子どもたちの時間」がテーマとなりうることを、廓まちというあからさまな金銭のやり取りを通した売色を虚飾として現実化しうる仮想空間のなかで描きうると注目したことに、この作品の成功の秘密を見い出すのは、これまたさほど難しいことではない。しかも、それは、一葉にしかできなかった。

本作について森鷗外は「三人冗語」のなかで、「まことの詩人」という称号を贈ったのは最大のほめことばであった。文学というファンタジアは、まれに作者をして、この世には作者が生き生きと飛翔する瞬間に立ちあえる僥倖をわたしたちに贈った。

初出一覧

凡庸で善良な人びとの碌ろくとした人生――岩本素白
「まち歩きジャーナル」3号（2013年3月）
明治初年の記録された人びと――鏑木清方
「まち歩きジャーナル」4号（2013年7月）
隅田川に育まれた女たちのなさけ――幸田 文
「まち歩きジャーナル」6号（2015年7月）
最後の東京人が見た東京――安藤鶴夫
「まち歩きジャーナル」5号（2013年11月）
苦汁が描いた「東京地図」――佐多稲子
（未発表）
戦争まで――ある東京少年誌――安田 武
「まち歩きジャーナル」7号（2015年12月）」
粋な労働者と職人のいたまち――小関智弘
（未発表）
都市細民の生きた〈世間〉――樋口一葉
「まち歩きジャーナル」12号（2018年4月）

あとがき

本書のカバー作品に、赤松麟作の「夜汽車」（明治三十四年＝一九〇一年）をえらんだのは、これまでこの作品が中学・高校の美術の教科書にかならず載っていたからではない。それは、だれでも知っているという消極的な理由にすぎない。

むしろこの作品は、次のような理由によって、本書にふさわしいと評価したからである。

わたしが初めてこの作品と図版上で出会ったのは、十代の中学生のころであった。このころから親しみをおぼえていたとはいえ、こんにちのように思慮ぶかく思いめぐらせていたわけではなかった。

この作品が優れているのは、画家が画題を十分手懐けるために、油絵制作を自家薬籠中のものにしていることである。この理由によって、「夜汽車」は、明治を代表する作品となっている。そのおおまかな理由は、古典的油絵制作技法を基本的に駆使することに怯まずに、当時の東京美術学校で全盛だった外光派の表現をも取り入れた、現代の作品としたことであった。

未だ油彩画になじみのなかった庶民の前に、象徴的な一番安い夜汽車に坐り、間もなく夜が明ける一瞬を群像画として現前したからでもある。それもこの場面は、どこにでもいる明治の人びとをモデルとしたことである。

なぜここまで言及するかといえば、同時代をテーマにした数多の油彩画・挿し絵があるとはいえ、ほとんどが説明的画風に終わっていて、その時代のよってきたる肝心なところが希薄になっているからだ。「夜汽車」には、これがあった。

本書を出版しようと企図したころから、カバーは、「夜汽車」にしようと、内心では決めていたのは、右のような思慮があったからである。

同じように、本書を付き合ったいただいた読者にはすでにおわかりのように、本書のテーマの洗い出しの過程でも、顧みれば、同様の思いがあったことにお気づきと思う。どういうことかといえば、〈都市論〉の賑わいのなかで、肝心なところが脱落しているのではないか、と気づき、書き始めたのが、本書の主要文章であるからだ。

一言で言えば、「わたしたちは、東京をどのように生きたのか」ということであり、それを情報（データ）の域に止まらず、時代の身体性に深く根ざした「記憶」の発掘によって、「どのように生きた」のかが明らかになるからである。ただし、実情は、依然として貧相のままであると思える。

二〇二三年二月

著者　**寺田　侑**（てらだ・すすむ）

1945年生まれ。
美術・映画ライター。
『きのうまでの人びと』（冬青社、2011年）
『芸術論のための断片　Ⅰ』（冬青社、2015年）

路地うらのユートピア

発行日　2023年 3 月15日　第 1 版第 1 刷発行

著　者　寺田　侑
発行所　株式会社八月書館
〒113－0033
東京都文京区本郷 2－16－12 ストーク森山 302
TEL 03－3815－0672　FAX 03－3815－0642
郵便振替 00170－2－34062
印刷所　創栄図書印刷株式会社

ISBN978－4－909269－18－8　定価はカバーに表示してありま